DEV

A LA

PRECIOSA SANGRE

DE NUESTRO SEÑOR

JESUCRISTO

LA MÁS GRANDE DEVOCIÓN
DE NUESTROS TIEMPOS

Un llamado a la Santidad

NIHIL OBSTAT:
Rev. Fr. Stephen Obiukwu
Censor Deputatus
Chairman, Doctrine and Faith Commitee
Archdiocese of Onitsha, Anambra State
Nigeria

IMPRESIÓN:
Editorial Lecat Ltda.
Cra. 98A No. 22H-57
Tel.: 2984861
E-mail: editoriallecat@hotmail.com
Bogotá D.C.

Impreso en Colombia
Printed in Colombia

ISBN: 978-958-8354-14-9

DEDICATORIA

Este libro está dedicado a los Agonizantes y Dolorosos Corazones de Jesús y María, quienes continúan sufriendo místicamente, los dolores acusados por los pecados de la humanidad. Que nuestra pequeña muestra de amor por estos dos Amados Corazones, con esta devoción, apacigüe Sus Dolores

LA SANGRE DE CRISTO, FUENTE DE SALVACIÓN

El Santo Padre Juan Pablo II, hablando a las Familias Religiosas y Asociaciones Católicas devotas a la Preciosa Sangre.

Queridos hermanos y hermanas:

Me complace encontrarme con todos ustedes, miembros de las familias religiosas y

Asociaciones Católicas devotas de la Preciosa Sangre de Jesucristo, en este primer día de Julio, el cual la piedad cristiana ha dedicado para meditar sobre "la Sangre de Cristo, precio de nuestra redención, prenda de salvación y vida eterna". *(Juan XXIII, Carta Apostólica "Inde a primis" in AAS 52, 1960 545-550)*

Al saludarles afectuosamente y agradecerles por su presencia, extiendo mi gratitud al Director Provincial de la Sociedad de la Preciosa Sangre por sus bondadosas palabras, las cuales me dirigió en vuestro nombre.

Hasta que la reforma Litúrgica fue Introducida por el Concilio Vaticano II, en este día (Julio el misterio de la Sangre de Cristo era celebrado litúrgicamente en toda la Iglesia Católica.

Pablo VI, mi predecesor, de venerable memoria, unió la conmemoración de la Sangre de Cristo con la de Su Cuerpo, en lo que ahora llamamos "Solemnidad del Cuerpo y

Sangre de Cristo". Porque en cada celebración Eucarística, no solamente se hace presente el Cuerpo de Cristo, sino también Su Preciosa Sangre, Sangre de la Alianza nueva y eterna, derramada por todos, para el perdón de los pecados. (cf. Mt. 26,27).

Queridos hermanos y hermanas: ¡Qué gran misterio es la Sangre de Cristo!

Desde los albores del cristianismo, ha cautivado las mentes y los corazones de muchos cristianos, y particularmente de vuestros santos fundadores, quienes hicieron de Ella el fundamento de vuestras congregaciones y asociaciones.

El año Jubilar concede nuevo ímpetu a esta importante devoción. Porque al celebrar los 2000 años del nacimiento de Cristo, estamos también invitados a contemplarlo y adorarlo en Su Sagrada Humanidad, asumida en el vientre de María, y unida hipostáticamente a la Divina Persona del Verbo."

(Osservatore Romano, Julio 2, 2000)

DEVOCIÓN A LA PRECIOSA SANGRE DE NUESTRO SEÑOR JESUCRISTO

¡GLORIA A JESÚS Y A MARÍA!

La devoción a la Preciosa Sangre de Nuestro Señor Jesucristo no es algo nuevo en la Santa Iglesia Católica. Es tan antigua como el primer Jueves Santo, cuando Jesucristo instituyó el Sacerdocio y la Santa Eucaristía. La proclamación de las siguientes palabras la noche antes de Su sufrimiento: *"Esto es Mí Cuerpo, que es entregado por vosotros. Haced esto en memoria mía. Esta copa es la Alianza nueva sellada con Mi Sangre, que seré derramada por vosotros".* (Lc. 22, 19-20) suscitó en los Apóstoles reverencia y un sublime fervor religioso.

Anteriormente Jesús había realizado grandes milagros, pero ellos vieron el milagro de milagros en la institución de la Eucaristía, el Sacrificio de la Cruz, el más admirable

Sacramento, la asombrosa y maravillosa Presencia, y el memorial perpetuo de la Pasión de Cristo.

El ver a Cristo, mostrándose a Sí mismo como un sacrificio de reconciliación o salvación y como el alimento de vida eterna, en el más maravilloso banquete; hizo que los Apóstoles adoraran la Presencia maravillosa con una fe más allá de toda descripción.

Desde entonces, así ha sido siempre en la Santa Iglesia Católica, y así continuará, hasta que el Señor regrese en gloria. Ese es el mandato del Señor. Debernos continuar proclamando la muerte del Señor hasta que vuelva. (cf. 1 Cor. 11,26)

Mientras la Iglesia continúe celebrando la Santa Eucaristía en obediencia al mandato del Señor. "Haced esto en memoria Mía", mantendrá a través del tiempo la devoción a la Preciosa Sangre y Cuerpo de Nuestro Señor Jesucristo. Ella ofrece un sacrificio vivo, un memorial perpetuo de Su Pasión, que demuestra la Inmensidad del amor de Cristo por nosotros. La mejor manera que tenemos para mostrar nuestra devoción al Señor Eucarístico, es recibirlo en la Santa Comunión y participar activa y reverentemente en la Santa Misa.

Si sabemos en verdad que la Eucaristía es el Sacrificio de la Cruz, sentiremos mayor reverencia, y participaremos con gran atención y devoción, y resistiremos todas las tendencias a convertir la Misa en una discoteca o en una reunión para recaudar fondos.

La Misa es la renovación del Misterio Pascual. Es al mismo tiempo el memorial por el cual el Sacrificio de la Cruz es perpetuado y también el banquete sagrado de la Comunión del Cuerpo y Sangre del Señor. En la Misa nos hacemos uno con Jesús y uno con los otros. Nuestras almas se llenan de gracia, y una promesa de futura gloria nos es concedida. Todos estos tesoros inestimables merecen nuestra devoción. La devoción a Jesús Eucarístico continúa en la Bendición y frecuentes visitas al Santísimo Sacramento y a la Exposición del mismo. En esto vemos también la devoción a la Preciosa Sangre de Jesús, porque como Persona Viva, su Sangre no puede ser separada de Su Cuerpo.

El Rosario a la Preciosísma Sangre

En la devoción a la Divina Misericordia, nuestro culto se centra en la Preciosa Sangre de Jesús. La Preciosa Sangre es la "fuente de vida que brota para las almas". Nosotros rezamos: "Oh Sangre y Agua que brotaste del Corazón de Jesús como fuente de misericordia para nosotros, yo confío en Ti.

Continuamente ofrecemos el Cuerpo y la Sangre de Jesús al Padre Eterno en reparación por nuestros pecados y los del mundo entero. Es interesante notar la semejanza entre la respuesta en las diez cuentas del Rosario a la Divina Misericordia, y la de las doce cuentas del Rosario a la Preciosa Sangre.

En las diez cuentas del Rosario a la Divina Misericordia respondemos:

"Ten misericordia de nosotros y del mundo entero", mientras que en las doce cuentas del Rosario a la Preciosa Sangre decimos: "Sálvanos a nosotros y al mundo entero". Esto denota un mismo interés proveniente de la misma fuente divina. Ninguna devoción verdadera se contradice con otra, sino se complementa.

Aún más, estas devociones son devociones Eucarísticas. Rememoran los eventos que celebramos en la Eucaristía. Pueden ser utilizados como preparación o acción de gracias por la Santa Misa.

Algunas personas se oponen a la diversidad de devociones existentes; preguntan:

¿por qué están dividiendo a Cristo? Algunos son devotos del Sagrado Corazón, de la Santa Faz, las Santas Llagas, la Preciosa Sangre, etc. ¡Cristo es infinito! Nadie puede agotarlo con una devoción u otra. Cada una se complementa en la otra, y todas se encuentran en Cristo. Jesús no 'está contra esto. El revela un aspecto del misterio de salvación en el tiempo más apropiado para acercarnos a El. En vez de discutir acerca de las muchas devociones, debemos dar gracias a Dios por las riquezas inestimables que existen en estas devociones católicas.

CONTEMPLAR A CRISTO JUNTO A MARÍA

En el Rosario a Mamá María dado a Santo Domingo, Dios nos hace meditar el compendio del Nuevo Testamento: la vida, muerte y resurrección de Jesús, y nuestra futura gloria. Al rezar el Rosario, oramos junto con María, y debemos continuar haciendo esto. Ningún hijo de María debe irse a dormir sin haber rezado el Rosario, uniéndose así con todos los hijos de María en el mundo. Es compensador y muy poderoso rezar el Rosario y vivir la vida de María. Es una señal de predestinación al Cielo, el ser devotos de María.

La devoción Eucarística, la devoción a la Divina Misericordia, la renovación de la devoción a María, y el Rosario a la Preciosa Sangre, son dones preciosos en los críticos tiempos que vivimos, que pueden empeorar si no utilizamos estos dones.

El Rosario a la Preciosa Sangre, con devoción a las Llagas del Señor Jesús, es un regalo espiritual de inestimable valor para este tiempo tan difícil.

Enfocamos toda nuestra atención en el Señor Crucificado. Lo que hace muy poderoso este Rosario, es que nos ponemos ante la Cruz de Jesús con nuestra Madre Santísima la Virgen dolorosa, Corredentora, Abogada y Mediadora de todas las gracias.

Nuestra mirada se posa en las cinco Llagas de Jesús y en la Sangre y Agua que brotaron de ellas.

Invocamos Sus Llagas y Sangre junto con Nuestra Madre Bendita, porque los tiempos son malos (Ef. 5,16). Necesitamos recurrir al amparo de la Santísima Virgen, a través de una total entrega y consagración a Su Inmaculado Corazón, al Sagrado Corazón de Jesús, y a Su Preciosa Sangre como armadura protectora, a fin de poder resistir todos los ataques y engaños diabólicos. (cf. Ef. 6,10-13)

Los misterios son acerca de cosas místicas; se refieren a las cosas fundamentales del Reino, de la gloria de Dios, la salvación de las almas, y el bienestar de los fieles. El Rosario a la Sangre Preciosa es una muy poderosa oración. Como todas las cosas poderosas en el reino espiritual, es sencillo, nos eleva y conforta. Abarca tanto las necesidades individuales como las universales.

Es un poderoso medio de defensa, salvación, liberación y fortaleza. Cualquiera que fielmente se entregue a la Divina Sangre de Jesús, no deja de ser escuchado y agraciado con los dones más preciados, por Aquel que tiene todo el poder en el Cielo y la tierra. (cf. Mt. 28-18).

Las insidias y maquinaciones malignas de satanás son destruidas cuando se vive una vida buena y se le confronta a él y a sus agentes con la misma Preciosa Sangre que lo arrojó lejos de su trono usurpado.

OTROS VALORES DE LA DEVOCIÓN

El Rosado a la Preciosa Sangre es un medio de glorificar a Dios por la inmensidad de Su amor, que nos ha mostrado entregando a Su Hijo Unigénito a la Cruz. (Jn. 3,16). Es un medio infalible de extraer la inextinguible misericordia de Dios, de la fuente de nuestra salvación. Nadie que sea devoto de las Llagas y Sangre de Jesús puede perderse. Los dardos del maligno no pueden tocarle; así como el ángel de la muerte no visitó las casas de los israelitas marcadas con la sangre de los corderos. (cf. Ex, 12; 1-36). Así también el Señor asegura la protección, seguridad y libertad de aquellos que honran Sus Llagas y Sangre. El mirar al Señor en la Cruz nos reta a ser virtuosos como El, a vivir para la gloria de Dios, a erradicar de nuestras vidas el egoísmo, y a sostenernos en la verdad de Dios y sus Mandamientos aun si ello nos cuesta la vida.

A través de este Rosario a la Preciosa Sangre, aplicamos los méritos de la Sangre y Llagas de Jesús para sanarnos y liberarnos, porque "por Sus Llagas hemos sido sanados" (cf. 1 Pedro 2, 24).

Podemos pedir por necesidades personales y particulares tanto para nosotros como para otros, utilizando el Rosario a la Preciosa Sangre en diferentes formas de novenas.

Las familias e individuos que no tienen paz, al rezar este Rosario, pronto glorificarán al Señor cuando les dé la paz que el mundo no puede dar (cf. Jn. 14, 27).

Recomiéndenlo a otros, y únanse a los devotos. Solamente aquellos que están espiritualmente ciegos, negarán que estamos viviendo tiempos malos. Hagan que los tiempos se vuelvan buenos para todos, rezando el Rosario a la Preciosa Sangre, y cúbranse ustedes y al mundo entero con la Preciosa Sangre de Nuestro Señor Jesucristo.

Hagan la prueba y se convencerán definitivamente. Que la Preciosa Sangre de Misericordia nos salve a nosotros y a toda la humanidad, tal como lo pide Nuestra Señora. A través de Cristo Nuestro Señor. *Amén.*

Ayo-Maria, OP
Obispo de la Diócesis de Ilorin (Nigeria)
Junio 17, 2001
Solemnidad del Cuerpo y Sangre de Cristo.

DEVOCIÓN A LA PRECIOSA SANGRE

En Julio de 1995, exactamente a las 3 de la tarde, hora de la Divina Misericordia, Nuestro Señor llamó por primera vez a Bernabé Nwoye, un joven de 17 años, de Olo, Estado de Enugu, Nigeria. Nuestro Señor pidió a Bernabé que adorara Su Preciosa Sangre, y lo consolara de todos los ultrajes cometidos contra Ella.

Dos años después, el Señor le enseñó el Rosario a la Sangre Preciosa (en una visión), y todas las plegarías que lo componen. Los mensajes, oraciones e himnos, lo mismo que las instrucciones, dados directamente por Nuestro Señor, Su Madre María, Ángeles y Santos, entre 1997 y 2001, constituyen la Devoción a la Preciosa Sangre.

A continuación, algunos de ellos:

1. El Rosario

Este le fue enseñado a Bernabé después de haber presenciado toda la Pasión de Nuestro Señor, desde Getsemaní hasta la Resurrección. Jesús se le apareció, y le entregó un rosario para honrar la Preciosa Sangre. Este rosario estaba confeccionado como los demás rosarios, excepto que en vez de diez cuentas, tenía doce cuentas rojas, y las cuentas que las separaban eran blancas. El Rosario, para ser rezado inmediatamente después del Santo Rosario a la Virgen, consiste en cinco misterios relacionados con las cinco Llagas de Cristo.

2. Consolación

El segundo componente de la Devoción le fue entregado el 23 de Junio de 1997; estas oraciones son específicamente dirigidas al Padre Eterno y a Su Hijo Unigénito. Esta segunda parte de la devoción busca aplacar al Padre y al Hijo por las ingratitudes del mundo, las blasfemias y negligencias a la Preciosa Sangre, que tienen lugar en la Iglesia, en nuestras vidas, y en la sociedad en general.

3. ADORACIÓN

En la tercera parte de esta Devoción, encontramos siete oraciones que adoran, glorifican y hacen peticiones a la Sangre Preciosa. Nuestro Señor reveló estas oraciones el 23 de Junio de 1997, junto con las oraciones de Consolación.

Las peticiones son por la Iglesia Católica, su jerarquía, el clero y todos los fieles. Se pide también por los pecadores empedernidos, las Almas del Purgatorio, y por los bebés abortados, para que reciban los beneficios de la Sangre Preciosa.

4. REPARACIÓN

La cuarta parte de esta Devoción, fue revelada durante una visión de Jesús crucificado,

el 10 de Diciembre de 1998. En siete angustiosos llamados, Jesús describe los pecados
de la Iglesia y en el mundo en general, que
lo mantienen místicamente crucificado.
Estos pecados incluyen agravios y ofensas
durante la Santa Misa, negligencia de los
Sacramentos, modas inmodestas, avaricia,
codicia, lujuria, etc., los cuales son causa
de que millones caigan al infierno. Esta
parte de la devoción consuela a la Santísima Trinidad, por las ofensas que le inflige
la humanidad.

5. Intercesión

En la quinta parte de la Devoción están
las oraciones especiales de intercesión,
llamadas "Oraciones Místicas". Estas son
unas muy eficaces oraciones, enseñadas
por Nuestro Señor durante el mes de julio
de 1998. Nuestro Señor reveló a Bernabé que estas oraciones son las mismas que
pronunció El por la humanidad durante
Su Pasión, y antes de exhalar Su último

aliento. Son plegarlas intercesoras "clave" para derrotar a todos los enemigos de la Santa Cruz (el Anticristo y sus fuerzas), para sostener nuestra fe, y liberarnos de maldiciones ancestrales.

6. El Sello

A esta Devoción, el Cielo ha vinculado un preciado y poderoso regalo para los devotos a la Sangre Preciosa. El Gran Sello de Dios (el tabernáculo viviente en nuestros corazones) es una marca espiritual concedida a los devotos de la Sangre Preciosa contra el sello del enemigo, el 666. Este Sello de Dios, concede a los devotos fortaleza espiritual para resistir todas las tentaciones de satanás, y soportar los sufrimientos que vengan a través del Anticristo. Este Sello se consigue permaneciendo en estado de Gracia Santificante, especialmente en los periodos especificados por Nuestro Señor, cuando los Ángeles recorran la tierra para otorgarlo.

7. La Hora De Getsemaní

Finalmente, Nuestro Señor hace un llamado a todos sus escogidos, para que permanezcan con Él, cada jueves, de 11 p.m. a 3 a.m. del viernes (o por lo menos una hora dentro de este período). En este tiempo, se pueden llevar a cabo los cuatro componentes de la devoción, junto con la Santa Misa y la bendición (si fuera posible). En esta Hora de Getsemaní, los devotos compartirán la agonía experimentada por Jesús en el Huerto de Getsemaní (Huerto de los Olivos). La intención es obtener gracias para soportar el Gran Castigo, y mantenerse firmes en la fe.

LLAMADO A LA SANTIDAD

La Devoción a la Preciosa Sangre, es un llamado diario a la santidad. Los devotos deben rezar diariamente, por lo menos, el Rosado a la Preciosa Sangre (después del de la Sma. Virgen), las letanías y la Consagración.

Esta Devoción es un arma esencial contra satanás y sus espíritus malignos. Más que todo, la Devoción es una manera de vivir. El Señor la describe como "el camino de la aridez y del desierto", lleno de cruces. Nos recuerda que solamente a través de la cruz, puede un alma alcanzar la tierra de felicidad.

Es un llamado santo a los Católicos y a todos los Cristianos, que viven hoy en un mundo corrupto, lleno de engaños de satanás, a que regresen a la Verdadera Fe. A través de esta Devoción. Nuestro Señor ha anunciado el nacimiento del Triunfo del Inmaculado Corazón de María, y Su Glorioso Reino sobre la tierra. La humanidad debería, por lo tanto, señalar el día 14 de Septiembre como la fiesta del Triunfo de los dos Corazones de Amor.

Así lo ha pedido el Señor, Lo que queda por suceder en los días venideros, es la confrontación final entre el bien y el mal, que dará paso a esta Nueva Era.

Cada oración, cada himno de esta Devoción, ha venido directamente del Cielo.

ROSARIO A LA PRECIOSA SANGRE

En la Cruz - En el nombre del Padre, y del Hijo, y del Espíritu Santo. Amén.

ORACIÓN AL ESPÍRITU SANTO

Ven, Espíritu Santo, llena los corazones de Tus fieles, y enciende en ellos el fuego de Tu amor. Envía Tu Espíritu y todo será creado. Y renovarás la faz de la tierra.

Oremos: Oh Dios, que instruiste los corazones de Tus fieles con la luz del Espíritu Santo, concédenos que animados y guiados por este mismo Espíritu, aprendamos a obrar rectamente siempre, y gocemos de la dulzura del Bien y de Sus divinos consuelos.

Por Cristo Nuestro Señor. Así sea.

CREDO: Creo en Dios Padre...
(inclinando la cabeza)

¡Que la Preciosa Sangre que brota de la Sagrada Cabeza de Nuestro Señor Jesucristo, Templo de la Divina Sabiduría, Tabernáculo del Divino Conocimiento, y Luz del Cielo y de la tierra, nos cubra ahora y siempre!. Amén.

L: *¡Oh Preciosa Sangre de Jesucristo!*
R: ¡Sana las heridas en el Sacratísimo Corazón de Jesús!

En la cuenta blanca: Padre Nuestro...

En las tres cuentas rojas: Ave María... (3 veces), Gloria al Padre...

En la cuenta blanca: *(inclinando la cabeza)*

¡Que la Preciosa Sangre que brota de la Sagrada Cabeza de Nuestro Señor Jesucristo, Templo de la Divina Sabiduría, Tabernáculo del Divino Conocimiento, y Luz del Cielo y de la tierra, nos cubra ahora y siempre! Amén.

PRIMER MISTERIO: La Mano derecha de Nuestro Señor Jesús, es clavada.

(pausa para breve meditación)

Oración: ¡Por la Preciosa Llaga de Tu Mano derecha, y por el dolor causado por el clavo que la atravesó, la Preciosa Sangre que brota de ella, salve a los pecadores del mundo entero y convierta muchas almas! Amén.

L: ¡Oh Preciosa Sangre de Jesucristo!
R: ¡Sana las Heridas en el Sacratísimo Corazón de Jesús!

Padre Nuestro... Ave María.

En las 12 cuentas rojas:

L: ¡Sangre Preciosa de Jesucristo!

R: ¡Sálvanos a nosotros y al mundo entero!

Gloria al Padre...

En la cuenta blanca: *(inclinando la cabeza)*

¡Que la Preciosa Sangre que brota de la Sagrada Cabeza de Nuestro Señor Jesucristo, Templo de la Divina Sabiduría, Tabernáculo del Divino Conocimiento, y Luz del Cielo y de la tierra, nos cubra ahora y siempre. Amén.

SEGUNDO MISTERIO: La Mano izquierda de Nuestro Señor Jesús es clavada.

(pausa para breve meditación)

Oración: ¡Por la Preciosa Llaga de Tu Mano izquierda, y por el dolor causado por el clavo que la atravesó, la Preciosa Sangre que brota de ella, salve almas del purgatorio y proteja a los moribundos de los ataques de los espíritus infernales! Amén.

L: ¡Oh Preciosa Sangre de Jesucristo!
R: ¡Sana las heridas en el Sacratísimo Corazón de Jesús!

Padre Nuestro... Ave María

En las 12 cuentas rojas:
L: ¡Sangre Preciosa de Jesucristo!
R: ¡Sálvanos a nosotros y al mundo entero!

Gloria al Padre...

En la cuenta blanca: *(inclinando la cabeza)*

¡Que la Preciosa Sangre que brota de la Sagrada Cabeza de Nuestro Señor Jesucristo, Templo de la Divina Sabiduría, Tabernáculo del Divino Conocimiento, y luz del Cielo y de la tierra, nos cubra ahora y siempre! Amén.

TERCER MISTERIO: El pie derecho de Nuestro Señor Jesús es clavado.

(pausa para breve meditación)

Oración: ¡Por la Preciosa Llaga de Tu Pie derecho y por el dolor causado por el clavo que lo atravesó, la Preciosa Sangre que brota de ella, cubra los cimientos de la Iglesia Católica contra los planes del reino oculto y los hombres malignos! Amén.

L: *¡Oh Preciosa Sangre de Jesucristo!*
R: ¡Sana las heridas en el Sacratísimo Corazón de Jesús!

Padre Nuestro... Ave María

En las 12 cuentas rojas:
L: *¡Sangre Preciosa de Jesucristo!*
R: ¡Sálvanos a nosotros y al mundo entero!

Gloria al Padre...

En la cuenta blanca: *(inclinando la cabeza)*

¡Que la Preciosa Sangre que brota de la Sagrada Cabeza de Nuestro Señor Jesucristo, Templo de la Divina Sabiduría, Tabernáculo del Divino Conocimiento, y Luz del Cielo y de la tierra, nos cubra ahora y siempre! Amén.

CUARTO MISTERIO: El Pie izquierdo de Nuestro Señor Jesús es clavado.

(pausa para breve meditación)

Oración: ¡Por la Preciosa Llaga de Tu Pie izquierdo, y por el dolor causado por el clavo que lo atravesó, la Preciosa Sangre que brota de ella nos proteja en todos nuestros caminos de los planes y ataques de los espíritus malignos y sus agentes! Amén.

L: *¡Oh Preciosa Sangre de Jesucristo!*
R: ¡Sana las heridas en el Sacratísimo Corazón de Jesús!

Padre Nuestro... Ave María

En las 12 cuentas rojas:
L: *¡Sangre Preciosa de Jesucristo!*
R: ¡Sálvanos a nosotros y al mundo entero!

Gloria al Padre...

En la cuenta blanca: *(inclinando la cabeza)*

¡Que la Preciosa Sangre que brota de la Sagrada Cabeza de Nuestro Señor Jesucristo, Templo de la Divina Sabiduría, Tabernáculo del Divino Conocimiento, Luz del Cielo y de la tierra, nos cubra ahora y siempre! Amén.

QUINTO MISTERIO: El Sagrado Costado de Nuestro Señor Jesús traspasado.
*(ver nota)

(pausa para breve meditación)

Oración: ¡Por la Preciosa Llaga de Tu Sagrado Costado, por la lanza que lo traspasó, la preciosa Sangre y Agua que brotan de ella, sane a los enfermos, resucite a los muertos, solucione nuestros problemas presentes, y nos enseñe el camino hacia Nuestro Dios para la Gloria eterna! Amén.

L: ¡Oh Preciosa Sangre de Jesucristo!
R: ¡Sana las heridas en el Sacratísimo Corazón de Jesús!

Padre Nuestro... Ave María

En las 12 cuentas rojas:
L: *¡Sangre Preciosa de Jesucristo!*
R: ¡Sálvanos a nosotros y al mundo entero!

Gloria al Padre....

En la cuenta blanca: *(inclinando la cabeza)*

¡Que la Preciosa Sangre que brota de la Sagrada Cabeza de Nuestro Señor Jesucristo, Templo de la Divina Sabiduría, Tabernáculo del Divino Conocimiento, Luz del Cielo y de la tierra, nos cubra ahora y siempre! Amén.

L: *¡Oh Preciosa Sangre de Jesucristo!*
R: ¡Sana las heridas en el Sacratísimo Corazón de Jesús! (3 veces)

La Salve: Dios te salve Reina y Madre...

OREMOS

Oh Preciosa Sangre de Jesucristo, te honramos, te alabamos y te adoramos por Tu obra de eterna alianza que trae paz a la humanidad. Sana las heridas en el Sacratísimo Corazón de Jesús. Consuela al Padre Todopoderoso en Su trono, y lava los pecados del mundo entero. Que todos te reverencien, oh Preciosa Sangre, ten misericordia. Amén.

Sacratísimo Corazón de Jesús
Ten misericordia de nosotros
Inmaculado Corazón de María
Ruega por nosotros
San José, esposo de María
Ruega por nosotros
Santos Pedro y Pablo
Rueguen por nosotros
San Juan al pie de la Cruz
Ruega por nosotros
Santa María Magdalena
Ruega por nosotros
Todos los guerreros de oración
e intercesores del Cielo
Rueguen por nosotros

Todos los grandes Santos
de Nuestro Señor

Rueguen por nosotros

Todas las huestes celestiales
Legión Angélica de María

Rueguen por nosotros

Letanías de la
Preciosa Sangre de Jesucristo

Señor ten piedad de nosotros

Señor ten piedad de nosotros!

Cristo ten piedad de nosotros

Cristo ten piedad de nosotros!

Señor ten piedad de nosotros

Señor ten piedad de nosotros!

Cristo, escúchanos!

Cristo escúchanos benignamente!

Dios Padre Celestial, ten piedad de nosotros!

Dios Hijo Redentor del mundo, ten piedad de nosotros!

Dios Espíritu Santo, ten piedad de nosotros!

Santísima Trinidad, un solo Dios, ten piedad de nosotros!.

L: ¡OH PRECIOSA SANGRE DE JESU-CRISTO, SANGRE DE SALVACIÓN!

R: SÁLVANOS A NOSOTROS Y AL MUNDO ENTERO!

Océano de la Sangre de Jesucristo,	¡líbranos!
Sangre de Jesucristo llena de santidad y compasión,	¡libéranos!
Sangre Preciosa de Jesucristo, nuestra fortaleza y poder,	¡libéranos!
Sangre Preciosa de Jesucristo, alianza eterna,	¡libéranos!
Sangre Preciosa de Jesucristo, fundamento de la fe cristiana,	¡libéranos!
Sangre Preciosa de Jesucristo, armadura de Dios,	¡libéranos!
Sangre Preciosa de Jesucristo, Divina caridad,	¡libéranos!

Sangre Preciosa de Jesucristo,
flagelo de los demonios, ¡libéranos!
Sangre Preciosa de Jesucristo,
auxilio de los que están atados, ¡libéranos!
Sangre Preciosa de Jesucristo,
Sagrado Vino, ¡libéranos!
Sangre Preciosa de Jesucristo,
Poder de los cristianos, ¡libéranos!
Sangre Preciosa de Jesucristo,
defensora de la fortaleza católica ¡libéranos!
Sangre Preciosa de Jesucristo,
verdadera fe cristiana, ¡libéranos!
SANGRE PRECIOSA DE JESUCRISTO,
SANGRE SANADORA, ¡SÁLVANOS!
Sangre Preciosa de Jesucristo,
Sangre ungidora, ¡sálvanos!
Sangre Preciosa de Jesucristo,
fortaleza de los hijos de Dios, ¡sálvanos!
Sangre Preciosa de Jesucristo,
comandante de los guerreros
cristianos, ¡sálvanos!
Sangre Preciosa de Jesucristo,
Sangre de Resurrección ¡sálvanos!

Sangre Preciosa de Jesucristo,
bebida de los Ángeles del Cielo, ¡sálvanos!
Sangre Preciosa de Jesucristo,
consuelo de Dios Padre, ¡sálvanos!
Sangre Preciosa de Jesucristo,
poder del Espíritu Santo, ¡sálvanos!
Sangre Preciosa de Jesucristo,
circuncisión de los gentiles, ¡sálvanos!
Sangre Preciosa de Jesucristo,
paz del mundo, ¡sálvanos!
Sangre Preciosa de Jesucristo,
luz del Cielo y de la tierra, ¡sálvanos!
Sangre Preciosa de Jesucristo,
arco iris en el Cielo, ¡sálvanos!
Sangre Preciosa de Jesucristo,
esperanza de los niños inocentes,
¡sálvanos!
Sangre Preciosa de Jesucristo,
Palabra de Dios en nuestros
corazones, ¡sálvanos!
Sangre Preciosa de Jesucristo,
arma celestial, ¡sálvanos!
Sangre Preciosa de Jesucristo,
Divina Sabiduría, ¡sálvanos!

Sangre Preciosa de Jesucristo,
cimiento del mundo,   ¡sálvanos!
Sangre Preciosa de Jesucristo,
Misericordia del Padre,   ¡sálvanos!

L: ¡Oh Preciosa Sangre de Jesucristo!
R: ¡Lava los pecados del mundo!

L: ¡Oh Preciosa Sangre de Jesucristo!
R: ¡Purifica el mundo!

L: ¡Oh Preciosa Sangre de Jesucristo!
R: ¡Enséñanos como consolar a Jesús!

ORACIÓN

Oh Sangre Preciosa, salvación nuestra, creemos, esperamos y confiamos en Ti. Libera a todos los que están en las manos de los espíritus infernales, te suplicamos.

Protege a los moribundos de las obras de los espíritus malignos y acógelos en la gloria eterna. Ten misericordia del mundo entero, y fortalécenos para adorar y consolar al Sagrado Corazón de Jesús. Te adoramos, oh Preciosa Sangre de misericordia. Amén.

¡Oh Preciosa Sangre de Jesucristo, sana las Heridas en el Sacratísimo Corazón de Jesús! (tres veces).

★Nota: En el Diario de Santa Faustina, leemos la explicación que le dio Jesús Misericordioso sobre los rayos dé Su Imagen: **"Ambos rayos brotaron de las entrañas más profundas de Mi Misericordia, cuando Mi Corazón Agonizante fue abierto por la lanza estando Yo en la Cruz"**.
(Diario 299).

CONSAGRACIÓN A LA PRECIOSA SANGRE DE JESUCRISTO

(rezar diariamente meditando)

Consciente de mi nada y de Tu Sublimidad, Misericordioso salvador, me postro a Tus pies, y Te agradezco por la Gracia que has mostrado hacia mí, ingrata criatura.

Te agradezco especialmente por liberarme, mediante Tu Sangre Preciosa, del poder destructor de satanás.

En presencia de mi querida Madre María, mi Ángel Custodio, mi Santo patrono, y de toda la corte celestial, me consagro voluntariamente, con corazón sincero, oh queridísimo Jesús, a Tu Preciosa Sangre, por la cual has redimido al mundo del pecado, de la muerte y del infierno.

Te prometo, con la ayuda de Tu gracia y con mi mayor empeño, promover y propagar la devoción a Tu Sangre Preciosa, precio de nuestra redención, a fin de que Tu Sangre adorable sea honrada y glorificad por todos.

De esta manera, deseo reparar por mi deslealtad hacia Tu Preciosa Sangre de Amor, y compensarte por las muchas profanaciones que los hombres cometen en contra del Precioso Precio de su salvación.

¡Oh, si mis propios pecados, mi frialdad, y todos los actos irrespetuosos que he cometido contra Ti, oh Santa y Preciosa Sangre, pudieran ser borrados!

He aquí, querido Jesús, que te ofrezco el amor, el honor y la adoración que tu Santísima Madre, tus fieles discípulos y todos los Santos han ofrecido a Tu Preciosa Sangre. Te pido que olvides mi falta de fe y frialdad del pasado, y que perdones a todos los que te ofenden.

¡Oh Divino Salvador! rocíame a mí y a todos los hombres con Tu Preciosa Sangre, a fin de que te amemos, ¡oh Amor Crucificado, de ahora en adelante con todo nuestro corazón, y que dignamente honremos el Precio de nuestra salvación! Amén.

Bajo Tu amparo nos acogemos, Santa Madre de Dios, no desprecies nuestras súplicas en las necesidades, antes bien, líbranos de todos los peligros, ¡oh Virgen siempre gloriosa y bendita!

DOCE PROMESAS DE NUESTRO SEÑOR JESUCRISTO A QUIEN DEVOTAMENTE RECE EL ROSARIO DE LA PRECIOSA SANGRE

1. Yo prometo proteger de los ataques del maligno a quien devotamente rece este rosario.

2. Yo preservaré sus cinco sentidos.

3. Yo lo protegeré de una muerte súbita.

4. Doce horas antes de su muerte, beberá Mi Sangre Preciosa y comerá Mi Cuerpo.

5. Veinticuatro horas antes de su muerte, le mostraré Mis cinco Llagas, para que sienta un profundo arrepentimiento de todos sus pecados y tenga perfecto conocimiento de ellos.

6. Quien rece este Rosario como novena, conseguirá lo que pida. Su oración será contestada.

7. Yo realizaré muchos milagros maravillosos a través del rezo de este Rosario.

8. A través de esta oración, destruiré muchas sociedades secretas, y liberaré muchas almas atadas, por medio de Mi Misericordia.

9. A través de este Rosario, salvaré muchas almas del Purgatorio.

10. Yo le mostraré Mi camino a quien honre Mi Preciosa Sangre con este Rosario.

11. Yo tendré misericordia de aquellos que tengan misericordia de Mis Preciosas Llagas y Sangre.

12. Quienquiera que enseñe esta oración a otra persona, ganará una indulgencia de cuatro años.

"Hijos míos… este Rosario de la Preciosa Sangre de Mi Hijo combina todas las devociones de su Pasión".

(Santísima Virgen María, 29 Enero, 1997)

PLEGARIAS DE CONSOLACIÓN A JESUCRISTO AGONIZANTE

Oración (1)

Padre Eterno, cuando ibas a enviar al mundo a Tu Hijo unigénito, Nuestro Señor Jesucristo, con el propósito de salvarnos y establecer un nuevo paraíso a través de la Preciosa Sangre, movido por el amor, dijiste: "¿A quién enviaré, quién irá a redimir a Mi pueblo? La Corte Celestial permaneció en silencio hasta que Tu Hijo respondió: "Aquí estoy, envíame a Mí, Padre". Honor y adoración sean dadas a Ti, oh Amor Divino; alabanza y reverencia a Tu nombre, oh adorable Jesucristo. Recibe consuelo, oh agonizante Jesucristo.

La recompensa que recibiste de Tu pueblo por tu benevolencia, fue el pecado.

Ellos pecaron y blasfemaron día y noche contra Tu Santo Nombre. Se enfrentaron a Ti, y desobedecieron Tus mandamientos.

Padre, recibe consuelo a través de las voces de Tus coros celestiales. Que la voz de Tus Dominaciones te consuele. Amén.

Padrenuestro... Avemaría... Gloria al Padre...

Agonizante Jesucristo, soporta todos estos sufrimientos, Señor

Agonizante Jesucristo, te amamos

Agonizante Corazón de Jesucristo, venga a nosotros Tu Reino.

Himno

Seas consolado, oh Jesucristo, Nuestro Señor oramos para que Tu Preciosa Sangre no haya sido vertida en vano por nosotros.

Oración (2)

Padre Eterno, Tú preparaste un Tabernáculo Santo para Tu Hijo Unigénito, Jesucristo, el vientre de la Santísima Virgen María. Bendito sea el vientre que albergó al único Hijo de Dios. Padre, Tu Hijo Unigénito nació en Belén, y fue recostado en un pesebre, porque no había sitio ni para El, ni para sus padres en la posada. Esto fue así, para que el mundo buscara primero el Reino de Dios, y no el bienestar y las cosas perecederas de este mundo.

Padre, esto indicó que Tu propio pueblo no estaba preparado para recibir a su Rey, Redentor y Creador. No había sitio para el Rey de los Cielos y tierra en su propia tierra. Señor, Tú viniste a los tuyos, y ellos no te reconocieron como Rey. Viniste a tu tierra, y ellos no te conocieron. Cuando supieron de Ti, planearon Tu muerte. Por medio de ese plan, mataron a muchos inocentes. Un grito desgarrador y lamentos, se escucharon en Tu propia tierra, como bienvenida al Rey. Las mujeres rehusaron ser consoladas por la muerte de sus hijos.

Jesús, Tú soportaste todas estas cosas por el amor que tienes a Tu pueblo. Pero Tu pueblo continuó pecando y haciendo toda clase de mal contra Ti y Tu Padre Celestial.

En vez de tenerte como Rey, te tuvieron como enemigo. En vez de Redentor, eras un depredador para el pueblo a quien salvaste.

¿Quién, recordando Tu misericordia y bondad hacia Tu pueblo, te podrá consolar? Que seas por siempre consolado y confortado, amado Jesucristo. Que los coros celestiales de Ángeles y Arcángeles te alaben y consuelen. Amén.

Padrenuestro... Avemaría... Gloria al Padre...

Agonizante Jesucristo, soporta todos estos sufrimientos, Señor

Agonizante Jesucristo, te amamos

Agonizante Corazón de Jesucristo, venga a nosotros Tu Reino.

HIMNO

Calma el ardor de Tu ira, oh Señor
nos arrepentimos de haber pecado contra ti
no volveremos a pecar.

ORACIÓN (3)

¡Oh Amado Jesucristo, que viniste al mundo para redimir a tu pueblo del pecado! ¡Oh Pastor Bueno que fuiste tratado con tanto desprecio y maldad por Tu rebaño! Al venir, viste como Tu pueblo profanaba el Santuario de Tu Padre. Tu furor los echó fuera del Santo Templo. Pero hoy, los hombres se han vuelto más carnales, y descuidan Tu Presencia en el Tabernáculo.

Te consolamos por los pecados que los hombres cometen contra Ti, presente en el Santo Tabernáculo, por la frialdad y negligencia que muestran en Tu Presencia... por aquellos que Te reciben indignamente, y por todos los actos irrespetuosos que cometen contra Ti. Perdón, perdón, Amado Jesucristo. Aunque los hombres Te siguen crucificando una y otra vez, por Tu misericordia, soporta todos estos insultos de las criaturas que tanto amas.

¡Oh Misericordioso Jesucristo! ¡Que seas por siempre consolado, y tengas misericordia de Tu pueblo, te pedimos! ¡Que la voz de las Virtudes Celestiales te consuele! Amén.

Padrenuestro... Avemaría... Gloria al Padre...

Agonizante Jesucristo, soporta todos estos sufrimientos

Agonizante Jesucristo, te amamos

Agonizante Corazón de Jesucristo, venga a nosotros Tu Reino.

HIMNO

Agonizante Corazón de Jesucristo
que has sufrido y expiado por nosotros
hágase Tu voluntad en la tierra.

ORACIÓN (4)

¡Oh Misericordioso y Amante Jesucristo, sufriste tan dolorosamente en el Huerto de Getsemaní, que te llevó a exclamar:

"Mi alma está triste hasta la muerte"! Consolamos Tu Sagrado Corazón que soporta tanto dolor. Tú sufriste la flagelación en la columna, y la coronación de espinas, con el fin de que fuéramos reconciliados con Dios. No obstante, muchas almas inocentes están siendo abortadas diariamente, y su llanto hiere Tu Sagrado Corazón. Te rogamos perdones todas las ofensas que recibes de los hombres.

Que la voz de los Querubines y Serafines celestiales te consuele. Y que la obra de evangelización de este mundo te conforte. Amén.

Padrenuestro... Avemaría... Gloria al Padre...

Agonizante Jesucristo, soporta todos estos sufrimientos, Señor

Agonizante Jesucristo, te amamos

Agonizante Corazón de Jesucristo, venga a nosotros Tu Reino.

HIMNO

Jesús, presente en la Santa Eucaristía
te pedimos perdón por todos los pecados
cometidos contra Ti.

ORACIÓN (5)

¡OhJesús,BondadosoyMisericordioso,que te ofreciste a Ti mismo como Cordero del Sacrificio, para la salvación de la humanidad, te consolamos!

Oh Buen Dios, te entregaste humildemente a las autoridades judías, que te arrastraron sin misericordia, como si fueras un criminal, para ser juzgado por los hombres. Te consolamos, oh Agonizante Jesucristo, por todos los insultos que recibiste en los tribunales del mundo. Te consolamos por todos los crueles tormentos que sufriste de parte de Tu pueblo. Que por siempre seas adorado. Amén.

*L: **Adoramos las Llagas de Tu Sagrado Cuerpo:***

R: Seas por siempre consolado, oh Sacratísimo Corazón, que soportas todos estos sufrimientos.

L: *Adoramos Tu Sagrada Cabeza que soporta la vergonzosa corona de espinas:*
R: Te consolamos, oh Sacratísimo Corazón, que soportas todos estos

L: *Adoramos los dos Corazones de Amor que se encontraron en el camino al Calvario:*
R: Sean por siempre consolados, oh Corazones de la Madre y del Hijo.

Sean por siempre consolados por toda la angustia y dolor sufridos en el camino al Calvario.

L: *Adoramos Tu Preciosa Sangre vertida en las calles de Jerusalén:*
R: Recibe consuelo, Señor, porque Tu Sangre sirvió como reparación. En el Calvario, el Creador de Cielos y tierra, quedó desnudo a la vista de todos.

L: *Te adoramos, Agonizante Jesucristo, que soportas esta vergüenza para la remisión de los pecados del mundo:*

R: Gloria, honor y adoración a Ti, que humildemente aceptaste la Cruz de mi salvación. Cuando yacías en la Cruz, los soldados cruelmente estiraron Tus miembros, y clavaron Tus manos y pies. Honor y adoración a Tus Sagradas Llagas y a Tu Preciosa Sangre.

Te rogamos, soporta todos los grandes sufrimientos y dolores que padeciste en la Cruz.

L: *Adoramos Tu Santa Muerte, Inmaculado Cordero de Dios:*

R: Reina por siempre, oh Preciosa Sangre y Agua de Tu Sagrado Costado. Agonizante Jesucristo, venga a nosotros Tu Reino. Amén.

Padrenuestro... Avemaría... Gloria al Padre...

Agonizante Jesucristo, soporta todos estos sufrimientos, Señor.

Agonizante Jesucristo, te amamos.

Agonizante Corazón de Jesucristo, venga a nosotros Tu Reino.

HIMNO

*Jesús Crucificado,
las gotas de Sangre que vertiste
fueron todas contadas.*

L: *Agonizante Jesucristo, Hijo único de Dios, Redentor y Creador del mundo, Perdona y ten misericordia del mundo:*
R: Agonizante Corazón de Jesucristo, recibe consuelo. Amén.

ORACIONES DE ADORACIÓN A LA PRECIOSA SANGRE DE JESUCRISTO

ORACIÓN INICIAL

Todopoderoso y Eterno Padre, la magnitud de Tu amor por nosotros, se refleja por entero en el hecho de haber entregado Tu Hijo Unigénito a la humanidad. El no sólo es igual a Ti, sino que es Uno Contigo. Estamos en deuda Contigo.

Obviamente no podemos pagarte, pero te pedimos Tu gracia, y deseamos mostrarte nuestro amor en esta adoración. Te damos gracias por Tu benevolencia, y te pedimos nos ayudes a mostrarte nuestro amor y gratitud, cambiando nuestra vida.

Que San Miguel Arcángel, con todas las huestes de Ángeles y Santos se unan a nosotros, y nos acerquen más a Ti durante esta adoración. Te lo pedimos por medio de Jesucristo Nuestro Señor. Amén.

Padrenuestro... Avemaría... Gloria al Padre...

HIMNO

Adoración a la Preciosa Sangre de Jesús
te adoramos Preciosa Sangre de Jesucristo.

Oración (1)

Amado Jesucristo, cuya misericordia es infinita, adoramos Tu Corazón Agonizante que soporta grandes sufrimientos por la salvación de los hombres.

¡Divino Cordero de Dios, Hijo de Dios e Hijo de la Virgen María, Dios y Hombre!

Tú sufriste terriblemente por amor a la humanidad, y con gran temor y angustia sudaste sangre en el Huerto de Getsemaní... adoramos Tu Preciosa Sangre y el dolor de Tu Agonizante Corazón. Te pedimos para Tu Santa Iglesia, el Papa, los Cardenales, Obispos, Sacerdotes y laicos, que están bajo la sombra de Tu Preciosa Sangre, protección, paz y amor. Que a través de la intercesión de San Miguel Arcángel y de todos los Arcángeles del Cielo, podamos vencer al Dragón Rojo. Amén.

Padrenuestro... Avemaría... Gloria al Padre...

HIMNO

Jesús, presente en la Eucaristía
que venga el tiempo por el cual has orado
cuando seamos uno en Ti.

TODOS

¡Que la Preciosa Sangre que brota de la Sagrada Cabeza de Nuestro Señor Jesucristo, Templo de la Divina Sabiduría, Tabernáculo del Divino Conocimiento y Luz del Cielo y de la tierra, nos cubra ahora y siempre! Amén.

L: *¡Oh Preciosa Sangre de Jesucristo!*
R: ¡Adoración y alabanza a Ti por siempre! Amén.

ORACIÓN (2)

Amado Jesucristo, cuya misericordia es infinita, adoramos Tu Corazón

Agonizante que soporta grandes sufrimientos por la salvación de los hombres.

¡Manso Cordero de Dios, Hijo de Dios e Hijo de la Virgen María, Dios y Hombre!

Tú permitiste que Tu Sagrado Cuerpo fuera atado a la columna y flagelado, para liberarnos del pecado, y traer la salvación a la humanidad. Adoramos Tu Preciosa Sangre que brotó de las numerosas heridas de Tu Sagrado Cuerpo. Oramos por la conversión de los pecadores del mundo entero. Permite que una gota de Tu Sangre caiga sobre sus corazones para que a través de la intercesión de los Querubines y Serafines y todos los Ángeles del Cielo, todos los hombres se vuelvan a Ti. Amén.

Padrenuestro... Avemaría... Gloria al Padre...

HIMNO

Agonizante Corazón de Jesús
te adoramos, te alabamos a
Ti todo honor y gloria.

Todos

¡Que la Preciosa Sangre que brota de la Sagrada Cabeza de Nuestro Señor Jesucristo, Templo de la Divina Sabiduría, Tabernáculo del Divino Conocimiento y luz del cielo y de la tierra, nos cubra ahora y siempre! Amén.

L: *¡Oh Preciosa Sangre de Jesucristo!*
R: ¡Adoración y alabanza a Ti por siempre! Amén.

Oración (3)

Amado Jesucristo, cuya misericordia es infinita, adoramos Tu Corazón Agonizante que soporta grandes sufrimientos por la salvación de los hombres.

¡Humilde Cordero de Dios Hijo de Dios e Hijo de la Virgen María. Dios y Hombre!

Tu Sagrada Cabeza fue coronada de espinas. El Templo de la Divina Sabiduría, fue golpeado con varillas de hierro por temerarios pecadores, y lo Permitiste para traer paz al mundo y hacer posible un nuevo Jardín del Edén.

Adoramos la Preciosa Sangre que brota de Tu Sagrada Cabeza. Te imploramos por la liberación de las almas del Purgatorio, y la protección de las almas de los moribundos. Derrama Tu Preciosa Sangre para ahuyentar a todos Tus enemigos, a través de la intercesión de los Tronos y Potestades del Cielo y todas sus huestes. Amén.

Padrenuestro... Avemaría... Gloria al Padre...

HIMNO

Jesús, presente en la Santa Eucaristía
te adoramos y alabamos Tu Nombre
y confiamos que nos darás la paz.

TODOS

¡Que la Preciosa Sangre que brota de la Sagrada Cabeza de Nuestro Señor Jesucristo,

Templo de la Divina Sabiduría, Tabernáculo del Divino Conocimiento y Luz del Cielo y de la tierra nos cubra ahora y siempre!. Amén.

L: ¡Oh Preciosa Sangre de Jesucristo!
R: ¡Adoración y alabanza a Ti por siempre! Amén.

ORACIÓN (4)

Amado Jesucristo, cuya misericordia es infinita, adoramos Tu Corazón Agonizante que soporta grandes sufrimientos por la salvación de los hombres. ¡Inmaculado Cordero de Dios. Hijo de Dios e Hijo de la Virgen María, Dios y Hombre!

Humildemente recibiste la Cruz de Salvación, y caminaste hacia el Calvario. Vertiste Tu Preciosa Sangre por las calles de Jerusalén. Adoramos Tu Preciosa Sangre vertida. Te pedimos por la liberación de los cautivos, por el regreso de los no católicos a la Una, Santa, Católica y Apostólica iglesia fundada por Ti. Rocía Tu Preciosa Sangre para que por la intercesión de las Dominaciones y todos los Ángeles del Cielo, los cautivos sean liberados, y las ovejas perdidas regresen a un solo rebaño. Amén.

Padrenuestro... Avemaría... Gloria al Padre...

HIMNO

Agonizante Corazón de Jesucristo
a Ti el honor y la alabanza
haz que todos los corazones se vuelvan a Ti

TODOS

¡Que la Preciosa Sangre que brota de la Sagrada Cabeza de Nuestro Señor Jesucristo, Templo de la Divina Sabiduría, Tabernáculo del Divino Conocimiento y Luz de Cielo y de la tierra, nos cubra ahora y siempre! Amén.

L: ¡Oh Preciosa Sangre de Jesucristo!

R: ¡Adoración y alabanza a Ti por siempre! Amén.

Oración (5)

Amado Jesucristo, cuya misericordia es infinita, adoramos Tu Corazón Agonizante que soporta grandes sufrimientos por la salvación de los hombres.

¡Misericordioso Cordero de Dios, Hijo de Dios e Hijo de la Virgen María, Dios y Hombre!

Humildemente aceptaste la Cruz de la Salvación del mundo. Humildemente extendiste Tu Cuerpo sobre la Cruz, mientras Tu pueblo te sujetaba y te clavaba en la Cruz. Adoramos Tu Preciosa Sangre que brota de Tus Manos y Pies traspasados. Te suplicamos protejas a todos los santos que viven en el mundo entero, de las acciones del anticristo derrama Tu Preciosa Sangre sobre ellos, para que por la intercesión de las Virtudes y todos los

Ángeles, alcancen el Cielo después de su lucha. Amén

Padrenuestro... Avemaría... Gloria al Padre...

HIMNO

Cantemos contigo, Virgen Madre
y amemos contigo a Tu Hijo
Nuestro Señor Jesucristo
que murió por nosotros.

TODOS

¡Que la Preciosa Sangre que brota de la Sagrada Cabeza de Nuestro Señor Jesucristo, Templo de la Divina Sabiduría, Tabernáculo del Divino Conocimiento y Luz del Cielo y de la tierra, nos cubra ahora y siempre! Amén.

L: *¡Oh Preciosa Sangre de Jesucristo!*
R: ¡Adoración y alabanza a Ti por siempre! Amén.

Oración (6)

Amado Jesucristo, cuya misericordia es infinita, adoramos Tu Corazón Agonizante que soporta grandes sufrimientos por la salvación de los hombres.

¡Cordero del Sacrificio, Hijo de Dios e Hijo de la Virgen María, Dios y Hombre!

Los malvados del mundo atravesaron Tu Sagrado Costado, Sangre yagua brotaron, salvando al mundo del pecado. Te adoramos, oh Preciosa Sangre yagua, te imploramos que salves las vidas de cada inocente niño nonacido, y bautices los bebés abortados con el Agua de Tu Sagrado Costado, en el nombre del Padre, del Hijo, y del Espíritu Santo. Que todos ellos, a través de la intercesión de los Principados y de todos los Ángeles del Cielo, alcancen la mansión eterna. Amén.

Padrenuestro... Avemaría... Gloria al Padre...

Himno

*Agonizante Corazón de Jesucristo
te adoramos, te damos gracias
y te alabamos por siempre.*

Todos

¡Que la Preciosa Sangre que brota de la Sagrada Cabeza de Nuestro Señor Jesucristo, Templo de la Divina Sabiduría, Tabernáculo del Divino Conocimiento y Luz del Cielo y de la tierra, nos cubra ahora y siempre! Amén.

L: *¡Oh Preciosa Sangre de Jesucristo!*
R: ¡Adoración y alabanza a Ti por siempre! Amén.

Oración (7)

Amado Jesucristo, cuya misericordia es infinita, ¿cómo podremos expresar nuestro amor por Ti? Hiciste de Tu Preciosa Sangre la bebida de los Ángeles del Cielo; te alabamos, oh Preciosa Sangre.

Te adoramos, oh Preciosa Sangre. Que toda criatura adore Tu Preciosa Sangre. Amén.

HIMNO

Gloria y gratitud al Padre
honor y alabanzas a Su Hijo Cristo
y al Espíritu Santo.

L. ¡Te adoramos, oh Preciosa Sangre de Jesucristo!
R: ¡Sangre de Salvación!

L: ¡Te adoramos, oh Preciosa Sangre de Jesucristo!
R: ¡Alianza Eterna!

L: ¡Te adoramos, oh Preciosa Sangre de Jesucristo!
R: ¡Arma Celestial!

L: ¡Te adoramos, oh Preciosa Sangre de Jesucristo!
R: ¡Esperanza de los niños inocentes!

L: ¡Te adoramos, oh Preciosa Sangre de Jesucristo!

R: ¡Consuelo de Dios Padre! Amén.

Nota: Al final de cada década del Rosado a la Sangre Preciosa, se reza: "Que la Preciosa Sangre que brota..." sin embargo, en las plegarias de adoración se dice: "Que la Preciosa Sangre que brota". Esto es lo que el vidente vio y grabó. En el Rosario, una inclinación de cabeza s suficiente, pero en la Adoración, la frente toca el suelo, si el devoto puede convenientemente hacerlo.

PROMESAS DE NUESTRO SEÑOR A QUIENES DEVOTAMIENTE RECEN LAS ORACIONES DE CONSOLACIÓN Y ADORACIÓN

1. Hijos Míos, Yo prometo proteger contra los ataques del mal, a quien devotamente Me consuele y adore con estas

oraciones. No morirá de muerte súbita. No será quemado por el fuego.

2. Hijos Míos, Yo prometo proteger contra los ataques de los espíritus malignos a quien devotamente Me consuele y adore.

3. Cualquier soldado que rece esta oración antes de entrar al campo de batalla, no será derrotado. Ninguna bala tendrá efecto sobre él.

4. Si se reza esta oración por una mujer en labores de parto, sus dolores serán disminuidos. La mujer que devotamente rece esta oración, tendrá un parto seguro.

5. Pongan esta oración sobre la cabeza de cualquier niño perturbado por los malos espíritus. Mis Querubines lo protegerán.

6. Yo prometo proteger a las familias de los efectos de los rayos y truenos, y la

casa donde esté esta oración, será protegida de las tormentas.

7. Si esta oración se reza ante un moribundo, Yo prometo que su alma no se perderá.

8. Cualquier pecador que Me consuele y adore a través de esta oración, obtendrá la conversión.

9. Yo prometo proteger con Mi Preciosa Sangre y esconder dentro de Mis Llagas, a todos los que Me consuelen y adoren. El veneno no tendrá efecto sobre ellos. Yo guardaré sus cinco sentidos.

10. Yo prometo bautizar a los niños abortados que son asesinados diariamente en el mundo, y conceder un profundo arrepentimiento y contrición en los corazones de sus padres, a través del poder de Mi Preciosa Sangre.

11. Todos los que devotamente Me consuelen y adoren con esta oración hasta

su muerte, se unirán a los Ejércitos y Coros Celestiales. Les concederé la Estrella de la Mañana.

IMPORTANTE PEDIDO

Jesús ha pedido a todos Sus hijos que vayan con El a Getsemaní (Huerto de los Olivos). Por lo tanto, cada jueves, desde las 11 p.m. hasta las 3:00 a.m. de la mañana del viernes, es la Hora de Getsemaní.

Jesús dijo a Bernabé:

"Hijos Míos, Yo estoy en Getsemaní por ustedes y por la gente del mundo entero. Yo siempre estoy en Getsemaní debido a la hora que se acerca, la hora de terror, muy temible y terrible. Hijos Míos, ¿cuántos sobrevivirán? Por el amor que les tengo a ustedes y a todos los hombres, estoy aquí en Getsemaní, llamándoles para que vengan y velen Conmigo. Permanezcan en Getsemaní Conmigo, de manera que no desfallezcan cuando llegue la hora".

LA HORA DE GETSEMANÍ

Cada jueves de 11:00 p.m. hasta las 3:00 a.m. del viernes es la Hora de Getsemaní. Las siguientes oraciones se deben decir durante ese tiempo:

I.   Rosario a la Santísima Virgen María.

II.   Santo Rosario a la Preciosa Sangre / Letanías.

III. Oración de Consagración a la Preciosa Sangre.

IV.   Oraciones de Consolación y Adoración.

V.   Oraciones de Reparación a Jesucristo Agonizante (los siete Llamados Angustiosos)

VI.   Otras oraciones místicas de Nuestro Señor Jesucristo.

VII. La Misa Votiva de la Preciosa Sangre y exposición del Santísimo Sacramento *(cuando sea posible)*.

Para los que lleven a cabo la Hora de Getsemaní, hay promesas de gracia. Además Jesús ha dicho que los que son fieles a esta Hora, no tendrán nada que temer al Anticristo.

ORACIONES DE REPARACIÓN A JESUCRISTO AGONIZANTE

LLAMADOS ANGUSTIOSOS

Oración Inicial

Señor Jesucristo, a través de la historia. Tú nos conduces de regreso al Padre Todopoderoso. Te damos gracias y apreciamos Tu amor. Recordamos, con dolor en el corazón, nuestra debilidad, nuestros pecados, y todo Tu sufrimiento en esta noble tarea.

¿Cómo aminorar Tu sufrimiento? Ayúdanos a hacerlo, te lo pedimos. Haremos lo que sea necesario, si Tú así lo quieres. Muéstranos Tu amor si esa es Tu voluntad.

Hacemos esta oración, en el nombre de Nuestro Señor Jesucristo, que vive y reina con el Padre, en unidad del Espíritu Santo, un solo Dios, por los siglos de los siglos. Amén.

Padre Eterno, te ofrezco todas las Heridas de Tu amadísimo Hijo Jesucristo, los dolores y agonías de Su Sacratísimo Corazón, y Su Preciosa Sangre que brotó de todas Sus Heridas, en reparación por mis pecados y los pecados del mundo entero. *Amén (3 veces).*

Credo...

Primer Llamado Angustioso

Dónde estás hijo Mío? Tu Señor te busca... ¡Ven a Mí! ... ¡Ven, acércate más, y escucha Mi angustioso llamado!

Hijo Mío... había una vez un Hombre que tenía muchas ovejas, las cuidaba y pastoreaba bien. Cuando tenían sed, las conducía a un manantial de agua fresca, para que pudieran satisfacer su sed.

No permitía que pasaran hambre. Las llevaba a verdes praderas. Ellas comían y engordaban y se fortalecían. El Hombre fortificó la tierra donde pastaban, para que ningún lobo entrara y dañara el rebaño.

Un día, las ovejas planearon una rebelión, y a la fuerza escaparon del campo y se adentraron en el bosque. Allí, fueron capturadas por animales salvajes. Eran como esclavas sin esperanza. Sus cuerpos y sangre eran utilizados para festivales y sacrificios de animales a sus dioses.

A pesar de todo, este hombre no se olvidó de su rebaño. Envió a sus sirvientes, y a todos los mataron. Por último, envió a Su Hijo, quien al fin ganó la batalla.

El Hijo del Hombre, condujo al rebaño, día y noche a través del desierto. En este caminar, surgieron muchas dificultades, que no podían soportar. Se quejaron al Hijo del Hombre, profirieron toda clase de palabras crueles contra El, y finalmente lo mataron.

Hijo... ¿qué piensas que hará el Padre del Hijo del Hombre cuando se entere de la muerte de Su Hijo?

Hijo... ustedes son el rebaño. Mi Padre es el dueño del rebaño, quien envió muchos profetas a Su pueblo, que vivió en un desierto terrible.

Yo soy el Hijo, a quien ustedes persiguieron y mataron. ¿Qué les he hecho? A pesar de todos vuestros pecados. Mi Padre aún los está llamando para que regresen a El. Pero ustedes no prestan atención a Su llamado.

¡REGRESEN! ¡OH ISRAEL, PUEBLO MIO!

Hagan reparación por sus pecados y los pecados, que el mundo entero comete contra Mi Padre y contra Mi Preciosa Sangre. ¡YO SOY EL AGONIZANTE JESUCRISTO!
(Silencio)

Oración (1)

Dios mío. Dios mío... yo creo firmemente con todo mi corazón... espero y confío sinceramente en Ti. Solamente a Ti adoraré por siempre. Con verdadero arrepentimiento y amor, me postro a Tus Pies; te pido perdón por aquellos que no creen y no quieren creer, por aquellos que no Te adoran y no quieren adorarte y por aquellos que Te crucificaron y Te están crucificando diariamente.

Querido Jesús, yo te consolaré durante toda mi vida. Amén.

ACTO DE CONTRICIÓN

Oh mi Dios, yo me arrepiento de todo corazón por haber pecado contra Ti, por ser Tú tan bueno. Con la ayuda de Tu gracia, no pecaré nuevamente. Amén.

Padrenuestro (1)… Avemaría (1)… Gloria (3)

Señor nuestro Jesucristo agonizante. Tú sufriste y pagaste por nosotros... Que se haga Tu voluntad en la tierra.

Aplaca el fuego de Tu cólera, oh Señor...
perdón porque hemos pecado... No peca-
remos nunca más.

Jesús Sacramentado perdónanos, te rogamos, oh Señor.

Oración a la Santísima Trinidad

Oh Santísima Trinidad, Padre, Hijo y
Espíritu Santo. Te ofrezco la Palabra hecha carne, Jesucristo, su carne cubierta de
Heridas y Sangre, su agonía en el huerto,
su flagelación, su coronación de espinas,
el repudio que sufrió, su condena, su crucifixión y muerte, en unión con todos los
sufrimientos de Tu Santa Iglesia y la sangre de los mártires, en reparación por mis
pecados y los pecados del mundo entero.
Amén.

Oración Agonizante

Jesús Agonizante, yo te ofrezco mi corazón para unido a Tu Corazón Agonizante

y compartir Tu agonía. Jesús, yo deseo permanecer en agonía Contigo, a fin de apresurar Tu glorioso Reino de Paz. Amén.

Segundo Llamado Angustioso

"Hijo Mío, acércate a Mí, escucha Mi angustioso llamado. Por amor a ti, ofrezco Mi Cuerpo como sacrificio vivo, pan de vida para todos los hombres. Mi Sangre, preciosa bebida, bebida de los Ángeles del cielo, entregada con amor a los hombres.

Hijo Mío... permanezco por ti en el Sacramento del Amor... esperando pacientemente por ti en el Tabernáculo, donde estoy prisionero por ti.

Tú, raras veces te acercas a Mí, porque no te acuerdas de Mí, que estoy prisionero por ti.

Hijo mío... Mi agonía es grande cuando veo la frialdad, la indiferencia y la negligencia con que te acercas a la Santa Trinidad, cuya Presencia llena el Santuario Santo. Yo estoy aquí, hijo mío... Yo estoy aquí en plenitud. Teme la Presencia de tu Dios. Acércate con respeto y reverencia.

Hijo mío... ¿sabes tú lo que sufro cuando entro en el santuario de tu corazón a través de la Sagrada Comunión? Tus pecados me amarran y me flagelan sin misericordia. En tu corazón no hay nadie que me consuele. Luego de haberme flagelado insensiblemente, Me arrastras fuera, y Cierras con llave la puerta de tu corazón con iniquidad. Esto es lo que Me haces con tu vida de pecado.

Yo soy el Pan de Vida para todos los hombres que me reciben en estado de santidad. Vengo a darles vida, no muerte. Limpia las iniquidades de tu corazón. Ábreme la puerta de tu corazón. Haz de tu corazón un tabernáculo de consuelo para Mí.

Hijo... que Yo viva en tu santuario de una Comunión a la otra. ¡Acógeme, hazme sentir bienvenido!

Hijo mío... todos los que Me acogen, acogen a Mi Padre y al Espíritu Santo que viven en Mí Todos los que Me rechazan, rechazan a la Santísima Trinidad.

Hijo... aún cuando otros Me rechacen, haz de tu corazón un tabernáculo de consuelo para Mí.

Yo soy Jesucristo Agonizante, llamándote para que REGRESES."

(Silencio)

ORACIÓN (1)
ACTO DE CONTRICIÓN
Padrenuestro (1)... Avemaría (1)...
Gloria (3)
ORACIÓN A LA SANTÍSIMA TRINIDAD
ORACIÓN AGONIZANTE

Tercer Llamado Angustioso

"Hijo Mío... Yo estoy en tu corazón, un Getsemaní solitario, donde estoy velando, y nadie viene a velar Conmigo ni siquiera por una hora. Tú prefieres ir tras la posesión de bienes terrenos, aún a riesgo de tu perdición, dejándome sufrir solo.

El enemigo se aproxima rápidamente... está ganando terreno a fin de ganar muchas almas, mientras tú duermes.

Hijo, ¿no puedes levantarte y velar Conmigo siquiera una hora? Yo estoy en el santuario de tu alma, un Getsemaní solitario, esperando que vengas.

Muchas almas, muchas almas van al infierno a causa de los pecados de la carne. Hijo, mira como tú conduces muchas almas a la perdición a través de tu forma de vestir. Yo soy aquel a quien tú expones desnudo públicamente.

Hijo... consuélame. Hijo, ten misericordia de Mí.

¡Nunca debe un hombre imitar a una mujer! Nunca debe una mujer imitar a un hombre! Sé tal como Yo te hice, hijo; sé tal como Yo te hice.

Te digo, aléjate de esta moda mundana. Ese es el plan del enemigo: destruir el templo del Espíritu Santo que es tu cuerpo. Vive una vida modesta.

Mi hijo amado, porque te amo y deseo que me muestres amor, te suplico me ofrezcas todo tu ser, que lo guardes para Mí y solamente para Mí. Que él me glorifique siempre, que me consuele siempre. No hago este llamado al mundo, sino a tía quien amo. Ofrécemelo... ofrécelo para salvación. Yo soy Jesucristo Agonizante, llamándote para que REGRESES!"

(Silencio)

ORACIÓN (1)
ACTO DE CONTRICIÓN
Padrenuestro (1)... Avemaría (1)...
Gloria (3)
ORACIÓN A LA SANTÍSIMA TRINIDAD
ORACIÓN AGONIZANTE

Cuarto Llamado Angustioso

"Hijo Mío... ¿es así como traicionas a tu Señor y Salvador? Solamente por el dinero mundano y perecedero, escogiste traicionara tu Señor, y entregarme a esos hombres crueles para que Me crucificaran. Hijo, te estás convirtiendo en el Judas de este último tiempo. ¡Cuan terrible será todo para aquellos que traicionan al Hijo del Hombre, y lo entregan a hombres pecadores para ser crucificado! Mira cuan lamentablemente van a la eternidad a sufrir por siempre.

Aún entre los sacerdotes de Mí Corazón, hay muchos Judas que prefieren los bienes terrenales a cambio de su Señor, quien está en agonía.

Esto me causa mucho dolor, hijo Mío, porque están haciendo de la casa de Mi Padre un mercado. Mi Padre está grandemente molesto. Miren bien, cómo ustedes me están sacando de Mí Santo templo. Hijo, ¿deseas la presencia de tu Dios? Ofréceme tu vida.

Yo soy aquel a quien ustedes están traicionando solamente por cosas terrenales. Hijo... ya que todas esas cosas por las que estás trabajando serán destruidas por el fuego... ¿porqué estás trabajando en vano?

Regresa a Mí, hijo Mío... ten misericordia de Quien vino a salvarte. Que Mis sacerdotes regresen a Mí. Yo soy Jesucristo Agonizante quien los ama, llamándoles para que REGRESEN!"
(Silencio)

ORACIÓN (1)
ACTO DE CONTRICIÓN

Padrenuestro (1)… Avemaría (1)…
Gloria (3)
ORACIÓN A LA SANTÍSIMA TRINIDAD
ORACIÓN AGONIZANTE

Quinto Llamado Angustioso

"Hijo Mío… ¿cuándo terminaran los tormentos de Mí flagelación, causados por tus pecados y los del mundo? ¿Por qué Me están flagelando, y al mismo tiempo coronándome de espinas? Y diciendo: "DÉJENME PECAR… YA IRÉ DESPUÉS A CONFESARME". Yo soy el Agonizante Jesús, a Quien tú constantemente torturas.

Hijo… ¿ACASO TE DI EL SACRAMENTO DE LA PENITENCIA, PARA QUE TE CONVIRTIERAS EN UN POZO DE INIQUIDAD?

Ese es el Sacramento de Mi Amor, El abre el océano de la misericordia divina. Mi Sangre y Agua Preciosas, que brotaron para salvar y lavar tu iniquidad, para que vayas y no peques más.

Hijo... retira la corona de espinas... ten misericordia de Mí, no Me flageles más. Ama a tu Dios, tu Creador, No te hagas falsos dioses de ninguna criatura. Sólo a tu Dios temerás y adorarás. No Pronuncies el nombre de tu Dios en vano.

Hijo... recuerda guardar el día obligatorio, santo. Haz respetar Mi Nombre en este mundo corrupto. Haz todas estas cosas, para aminorar los dolores de Mi agonía. Ofrece todos tus desengaños, pruebas y persecuciones en reparación por tus pecados, y los del mundo entero.

Yo soy el Agonizante Jesucristo, llamándote para que REGRESES"
(Silencio)

ORACIÓN (1)
ACTO DE CONTRICIÓN
Padrenuestro (1)… Avemaría (1)…
Gloria (3)
ORACIÓN A LA SANTÍSIMA TRINIDAD
ORACIÓN AGONIZANTE

Sexto Llamado Angustioso

"Hijo Mío... acércate a Mí, y escucha Mi angustioso llamado. Diariamente ando buscando quien Me consuele, y no encuentro a nadie. Mira Mi rostro agonizante. ¿Dónde está la Verónica de estos tiempos? ¿Dónde está para que Me limpie el rostro y Me consuele? ¿Acaso se ha unido a la multitud gritando: crucifícalo, crucifícalo?

Se han olvidado que Yo soy su Mesías, que los sacó de Egipto, que los alimentó con el maná celestial, y los acogió bajo Sus alas en seco y ardiente desierto.

Me has rechazado y ya no hay nadie que me ayude. Hijo... así es como tú abandonas tu cruz, y te alejas del camino del Calvario, dejándome sufrir solo.

En verdad te digo, hijo Mío... NO HAY OTRO CAMINO QUE TE CONDUZCA A LA TIERRA PROMETIDA, QUE EL CAMINO DE LA SANTA CRUZ.
CARGA CON TU CRUZ Y SÍGUEME TODOS LOS DÍAS DE TU VIDA.

Ayúdame a cargar todas estas cruces que han sido rechazadas, que Mi pueblo ha abandonado para que Yo las lleve. HIJO... VIVE TU VIDA DE CONSAGRACIÓN. Carga tu cruz, y sígueme. Yo soy Jesucristo Agonizante, que te llamo para que REGRESES.

(Silencio)

ORACIÓN (1)
ACTO DE CONTRICIÓN
Padrenuestro (1)… Avemaría (1)…
Gloria (3)
ORACIÓN A LA SANTÍSIMA TRINIDAD
ORACIÓN AGONIZANTE

Séptimo Llamado Angustioso

Hijo Mío, mira como tus pecados me han clavado en la Cruz. Estoy sangrando por amor a ti. Estoy sudando por amor a ti. Estoy sediento de amor por este mundo necesitado. Ninguno de ustedes desea consolarme... más bien me ofrecen vinagre para calmar Mí sed.

Todos ustedes se mantienen alejados, se burlan y Me critican. Hijo Mío, mira como hablas falsedades de tu prójimo. En vez de orar por Mi Santa Iglesia, continúan criticándola. Yo soy Jesucristo Agonizante, a quien ustedes critican. La Iglesia es Mi Cuerpo, al que están crucificando.

HIJO MÍO... PARA TE AL PIE DE MI SANTA CRUZ, Y OFRÉCEME JUNTO CON MI MADRE, EL MUNDO ENTERO. Yo lo aceptaré, y lo ofreceré a Mi Padre. Ellos serán Sus hijos, y obedecerán Sus mandatos. La ira del Padre Eterno se aplacará. Mis Santas Llagas serán sanadas. Entonces Mi reino vendrá sobre la tierra.

Hijo... has de crucificarte por Mí y Conmigo, en la Santa Cruz de la Salvación. Esto es lo que más necesito de ti, en reparación por tus pecados, y los pecados del mundo entero. Hijo, Yo no he pedido esto al mundo, sino a ti, porque Te amo, y deseo que me demuestres tu amor. Yo te prometo que atraeré a ti y a todos los hombres hacía Mí, a través de ti. Acepta Mí llamado angustioso, oh amado hijo! Yo ofreceré todos tus sacrificios a

Dios para que sean aceptables, en reparación por tus pecados y los del mundo entero.

Al final, el mundo entero vivirá en Mí, Conmigo, y para Mí. Mi Sagrado Costado se abrirá para ser el refugio de todos los hombres. Sacarán Agua Viva, de la Fuente de la Vida que brota de Mi Sagrado Costado. Hijo, que se haga Mi voluntad en la tierra. Que se haga Mi voluntad en ti. Sufre por Mí, y Conmigo. Muere por Mí, y vive en Mí. Yo soy Jesucristo Agonizante, te amo. Yo los bendigo a todos".

(Silencio)

ORACIÓN (1)

ACTO DE CONTRICIÓN

Padrenuestro (1)… Avemaría (1)…

Gloria (3)

ORACIÓN A LA SANTÍSIMA TRINIDAD

ORACIÓN AGONIZANTE

(Inclinando la cabeza)

Gloria al Padre, al Hijo y al Espíritu Santo… (siete veces).

PROMESAS DE NUESTRO SEÑOR A LOS QUE RECEN O ESCUCUEN LAS ORACIONES DE REPARACIÓN

(LLAMADOS ANGUSTIOSOS)

1. Hijos, cada vez que las Oraciones de Reparación se recen con amor. Yo prometo convertir a 12 de los más empedernidos pecadores en el mundo.

2. Yo permitiré que Mi Sangre Preciosa se derrame sobre cada alma que escuche decir estas Oraciones. Su amor por Mí crecerá.

3. Yo perdonaré los pecados de la nación que se vuelva a Mí a través de estas Oraciones.

4. Ellos no sufrirán el peso de la condena debida por sus pecados.

(Por favor, envíe testimonios de favores recibidos a través de esta Devoción al apostolado en Nigeria)

ORACIÓN DE REPARACIÓN POR LA CORONA DE ESPINAS

(Dada a Bernabé por Santa Cecilia el 14 de Julio de 2000)

HIMNO

Estoy solo, estoy abandonado
Me han dejado con la corona de espinas
Que penetran Mi cabeza
Y Mi pueblo me ha abandonado.

Amados Míos, ¿Dónde estáis?
Esta corona de espinas ha penetrado Mi alma
Retiren las espinas, tengan misericordia de Mí.

Por amor a vosotros
Morí en la Cruz con la corona de espinas
Estoy nuevamente viviendo con las espinas
Yo soy el Agonizante Jesucristo.

ORACIÓN

¡Mi amado Jesucristo Agonizante, Hijo del Altísimo! Me postro a Tus pies en medio de mi nada. Recuerdo todas mis ofensas hacia Ti. Te ruego, Señor, ten misericordia de mí. Mis pecados te han mantenido en agonía por estos miles de años. Te contemplo aun vivo, colgado en la Cruz, con esa terrible corona de espinas, la sangre bañando Tu rostro, y las espinas punzando Tu Santa Faz. Me arrepiento por ese regalo que te di: la corona de espinas. Deseo quitarte la corona de espinas, y ofrecerte con amor una corona de oro.

(Besando la corona y apretándola contra su corazón S. Cecilia oró así:)

Mi Jesús, yo laceré Tu Sagrada Cabeza con una corona de espinas,

Ten misericordia de mí, y perdona al mundo,

Mi Jesús, que sufres místicamente el dolor y la agonía de mi terrible corona de espinas en Tu Sagrado Corazón,

Ten misericordia de mí, y perdona al mundo.

Mi Jesús, que sufres la ignominia de mi terrible corona de espinas, ten misericordia de mí, y perdona al mundo.

(Apretando la corona de espinas contra su cabeza, Santa Cecilia besó los pies de Jesucristo Agonizante en la Cruz, y oró:)

Mi Agonizante Jesús, recuerdo como yo golpeé Tu Sagrada Cabeza con una varilla de hierro, para que te penetraran aún más las espinas en Tu cerebro. Sentiste un dolor como si fuera un rayo que estremeciera todo Tu Cuerpo virginal. ¡Oh cuanto te ha hecho sufrir mi maldad!

Cuando medito en Tu terrible caminar hacia el Calvario, lloro amargamente porque mi maldad colocó esa corona de espinas en Tu Sagrada Cabeza, sede de la Divina Sabiduría. Te veo cayéndose bajo el peso de la Cruz, que hacía que las espinas penetraran más profundamente en Tu Cabeza.

Me veo arrastrándote y golpeándote la Cabeza con una vara, ¡No hubiera querido ser yo quien hizo todo esto a mi amado Salvador! Mi Jesús, te he tratado cruelmente, perdóname, perdóname, perdona a Tu pueblo. Haré todo lo que pueda para retirar esas espinas, cambiando de vida de ahora en adelante.

Mi maldad mantuvo la corona de espinas en Tu Cabeza, hasta Tu muerte, para que así no pudieras tener ni un poco de alivio en Tu Pasión. ¡Señor, ten misericordia de mí. Cristo, ten misericordia de mi maldad!

Contemplo Tu Sagrada Cabeza recostada sobre el regazo de Tu Madre dolorosa estando ya muerto. Puedo ver las manos de Juan el amado, de María Magdalena y de Tu Madre dolorosa desprendiendo, con lágrimas de amor, la corona de espinas de Tu Sagrada Cabeza. Desearía ser uno de ellos, para retirar la corona y ofrecerte a cambio una corona de oro, como muestra de mi amor hacia Ti.

(Sosteniendo la corona de espinas y meditando en silencio. Santa Cecilia oró así:)

"Te ofrezco todo mi ser, y te prometo cargar mi cruz tras de Ti, con alegría y amor, todos los días de mi vida. Recibe los méritos de mis sufrimientos y persecuciones, los cuales te prometo aceptar con amor, en reparación por mis pecados, y los pecados del mundo entero. Queridísimo Jesús

Agonizante, con este humilde ofrecimiento, deseo retirar la corona de espinas que te coloqué, y ofrecerte una corona de oro. Recibe con amor, esta corona de oro que te ofrezco". Amén.

Padre eterno, te he ofendido gravemente al lacerar la Sagrada Cabeza de Tu Hijo Unigénito, a quien tanto amas. Ten misericordia de mí. Perdóname y perdona al mundo. *Amén* (3 veces).

PROMESAS DE NUESTRO SEÑOR A QUIENES RECEN DEVOTAMENTE LAS ORACIONES DE REPARACION POR LA CORONA DE ESPINAS

1. Yo sanaré las heridas de los corazones de aquellos que adoren Mi Sagrada Cabeza a través de esta Corona.

2. Yo consolaré a los que Me consuelen con estas oraciones.

3. Yo derramaré el océano de la Divina Misericordia sobre aquellos que adoren las Heridas de Mi Sagrada Cabeza a través del rezo de estas oraciones.

4. Todos los que adoren la Preciosa Sangre de Mi Sagrada Cabeza a través de esta Corona, recibirán la gracia de la Divina Sabiduría.

5. Yo protegeré sus cinco sentidos.

6. Cuando toquen esta Corona con amor. Yo permitiré que una gota de Mi Sangre caiga sobre sus cabezas.

7. Yo renovaré el amor de cualquier pecador arrepentido que adore misericordiosamente Mi Sagrada Cabeza con esta Corona.

8. Siempre hay un rocío de Mi. Preciosa Sangre dondequiera que estén estas espinas. No estoy lejos, estoy cerca.

9. Yo coronaré las cabezas de los que adoren las Sagradas Heridas y la Sangre

de Mi Sagrada Cabeza, a través de esta Corona, con una corona de victoria.

10. Yo prometo mostrar Mi Sagrada Cabeza un día antes de su muerte, a todos los que amen su Corona y adoren Mi Sagrada Cabeza por medio de ella, de manera que tengan perfecto conocimiento de sus pecados y se arrepientan.

11. El 15 de Septiembre de 2001, Nuestra Madre dijo que Ella le había pedido a Su Hijo Jesús, bendecir la Corona de Espinas con poder sanador.

OTRAS ORACIONES IMPORTANTES

LAS ORACIONES MÍSTICAS DE NUESTRO SEÑOR JESUCRISTO

(Estas oraciones, reveladas por Nuestro Señor, como sus peticiones a Su Padre Celestial durante su Pasión, fueron dictadas por El a Bernabé, para que las recemos diariamente).

ORACIÓN PARA VENCER A SATANÁS Y SUS AGENTES

(5 Julio, 1998)

"No deben temer por los numerosos agentes del enemigo. Hijos, simplemente ofrezcan las Llagas, Dolores, y la Sangre de Mi mano izquierda por su caída; los verán desaparecer como cenizas"

¡Todos ustedes, gran número de enemigos de la Santa Muerte de mi Señor Jesucristo en la Cruz del Calvario, príncipe de las tinieblas y la iniquidad, padre de los mentirosos! Yo me apoyo en la muerte de mi Señor Jesucristo, y ofrezco Sus dolores, Llagas, y la Preciosa Sangre de Su mano izquierda al Padre Eterno, por vuestra caída, destrucción y castigo.

¡Sangre Preciosa de mi Señor Jesucristo - reina en mí y en las vidas de todos los hombres!. Amén.

Oración para la Protección y Unidad del Rebaño
(6 Julio, 1998)

Padre Eterno, yo te ofrezco todas las Llagas, Dolores, y la Preciosa Sangre de los Sagrados Pies de Tu Hijo, Nuestro Señor y Maestro, por todos Tus hijos que están vagando como ovejas sin pastor por este bosque tenebroso. Protégelos de los depredadores salvajes y dales la paz para que sean uno, y unidos lo mismo que el clavo unió los Pies de mi Señor y Salvador Jesucristo.

*¡Preciosa Sangre de Jesucristo,
reina por siempre!. Amén.*

Oración para Refugiarse en el Sagrado Costado de Jesucristo
(7 Julio, 1998)

¡Oh Padre Amado, Dios de Abraham, Isaac y Jacob, que protegiste a los antiguos israelitas bajo Tus santas alas, en la aridez del frío y en el cálido desierto; te ofrezco la santa muerte de mi Maestro y Salvador Jesucristo por la protección de Tu pueblo, que está disperso por todo el mundo. Que la Sangre y el Agua nos laven y fortalezcan, nos guarden y purifiquen para que encontremos refugio en el Sagrado Costado de Tu Hijo, que está abierto para todos los hombres.

¡Sagrado Costado de Jesucristo, sé mi refugio seguro! Amén.

Oración Papa Liberación de Maldiciones Ancestrales
(8 Julio, 1988)

¡Padre Eterno, Tu eres el único Dios inmortal, Dios que es Amor, Misericordia y Bondad! Mira a Tu Unigénito Hijo, Jesucristo, y ten misericordia. Yo te ofrezco el dolor de Su flagelación en la columna, Sus Llagas y Sangre, por todo Tu pueblo que está bajo el peso de la maldición, debido a

los pecados de sus ancestros, y su desobe-
diencia rompiendo la alianza que habían
hecho Contigo.

Libéranos a través de la flagelación de Tu
Hijo, sánanos a través de Sus Llagas, y sálvanos a través de Su Sangre Preciosa.

> *¡Sangre Preciosa de Jesucristo,*
> *libéranos de la maldición!*

> *¡Santas Llagas de Jesucristo,*
> *sanen nuestras heridas!*

> *¡Por Tu flagelación, séllanos! Amén.*

ORACION PARA CONSERVAR LA FE
(9 Julio, 1998)

¡Omnipotente y Omnisciente Dios, Dios
de Ellas y los profetas, mira la Sagrada Cabeza de Tu Unigénito Hijo y ten misericordia! Levántate y salva a Tu pueblo. Te ofrezco toda la vergüenza, el dolor, las Llagas y
la Preciosa Sangre de la Sagrada Cabeza
de Tu Hijo, por todos Tus hijos que están

viviendo estos tiempos peligrosos. Fortalece nuestra fe por la burla que hicieron a Tu Hijo Jesucristo, y sálvanos a través de la Preciosa Sangre de Su Sagrada Cabeza. Que a través del sufrimiento de Tu Hijo Jesucristo, aprendamos a sufrir en Ti, y a morir en Ti. Amén.

¡Santas torturas de Jesucristo, aumenten nuestra fe! Amén.

Oración para la Manifestación de la Divina Voluntad
(10 Julio, 1998)

Padre Eterno. Tú eres el Creador y Autor de la vida. Tú amas el mundo que creaste. Es por eso que enviaste a Tu Hijo único, a redimir el mundo, a fin de que viniera a nosotros Tu Reino. Mira a Tu Hijo y levántate de Tu trono. Levanta Tu mano derecha y salva Tu pueblo. Yo te ofrezco todos los sufrimientos, los dolores y la muerte de Tu Hijo Unigénito a quien Tú amas, por Tu triunfo y reinado sobre la tierra. Que a través de la Preciosa Sangre de Tu Hijo, hagas una nueva alianza, y traigas a todos Tus Hijos a Tu Santa Voluntad. Amén.

*¡Preciosa Sangre de Jesucristo,
reina por siempre!*

*¡Agonizante Jesucristo,
venga a nosotros Tu Reino!*

ORACIÓN PARA SOBRELLEVAR AL CASTIGO VENIDERO
(13 Julio, 1998)

Padre Amado y Misericordioso, Tu deseo es que todos los hombres se salven. Mira bondadosamente a Tu Hijo escarnecido y condenado por los hombres, que sufrió tantas torturas, y sigue sufriendo por los pecados de Tu pueblo.

Mira lo que el pecado ha hecho a Tu Hijo Unigénito. Te ofrezco todas las torturas, dolores, repudio y vergüenza que sufrió Tu Hijo Jesucristo, para todos los que estamos viviendo en estos días de maldad, tengamos la fe necesaria para sobrellevar las pruebas, paciencia para soportar las torturas.

Que a través de los sufrimientos de Tu Hijo único, podamos luchar hasta el fin. Amén.

¡Que las torturas de Nuestro Señor aumenten nuestra fe!

¡Preciosa Sangre de Jesucristo, sálvanos!

ORACIÓN POR LOS QUE HAN ABANDONADO LA FE
(22 Julio, 1998)

Eterno y Amado Padre mira bondadosamente a Tu Hijo Unigénito. Mira la pesada cruz que prepararon para Tu Hijo, y ten misericordia de Tu pueblo.

Yo te ofrezco todos los dolores, sufrimientos y la Sangre Preciosa de Tu Hijo Jesucristo, Emmanuel, por toda la gente que ha abandonado su fe, y por los que la abandonarán en las colinas y valles de este mundo. Que por las caídas que sufrió Tu Hijo bajo la Cruz, tengan la fortaleza de levantarse nuevamente, y permanecer firmes en la verdadera fe. A través del océano de Su Sangre Preciosa derramada bajo la Cruz por las calles de Jerusalén, fortalece a todos los que desean hacer Tu Voluntad. Amén.

¡Sangre Preciosa de Jesucristo,
fortalece nuestras almas débiles!

ORACIÓN PARA PEDIR EL REINO DE GLORIA SOBRE LA TIERRA
(27 Julio, 1998)

¡Oh Amado y Misericordioso Padre, que todo lo sabes y eres Todopoderoso, el Alfa y Omega, el Padre Eterno que creó todas las cosas! Tu naturaleza te impide desamparar a Tus hijos. Mira bondadosamente a Tu Hijo Unigénito Jesucristo, que Vino a salvar a los hombres y a traer Tu Reino a la tierra.

Te ofrecemos todas las agonías, torturas, dolores y la Sangre Preciosa de Tu Hijo Jesucristo, con el fin de vencer a todos los enemigos de la Santa Cruz de Salvación, el Anticristo y el Dragón Rojo que están luchando contra la verdad ahora y al final de este tiempo. Que a través de la Preciosa Sangre de Nuestro Redentor, y por Su último aliento sobre la tierra, desaparezcan como espuma expuesta al sol, para que Tu Reino venga pronto sobre la tierra. Amén.

¡Preciosa Sangre de Jesucristo,
venga a nosotros Tu Reino!

ORACIÓN CONTRA LOS PECADO DE LA CARNE
(28 Julio, 1998)

Padre Santo y Misericordioso, Tu Hijo Unigénito está desnudo a la vista de todos los hombres, para que Tu pueblo conozca y tema Tu Santa Ley. Acepta mi humilde oración por todo Tu pueblo que vive en iniquidad, fornicación y adulterio, para que a través de la vergüenza y la desgracia que soportó Tu Hijo único, toques sus vidas, para que se conviertan y se salven. Que ellos, a través de la Sangre Preciosa de Tu Hijo Jesucristo, la cual te suplico caiga sobre sus cabezas, se conviertan y salven, y a través de Su vergüenza se arrepientan. Amén.

Oración para Bautizar a los Bebés Abortados
(29 Julio, 1998)

Padre Celestial, Tu amor es eterno. Por Tu amor infinito, salvaste al mundo a través de Tu Hijo Unigénito Jesucristo. Mira a Tu único Hijo sobre la Cruz, sangrando sin cesar, por el amor a Su pueblo, y perdónanos. Purifica y bautiza a los niños abortados con la Preciosa Sangre y Agua que brotó del Sagrado Costado de Tu Hijo, que colgaba muerto en la Cruz para salvarlos, en el Nombre del Padre, del Hijo, y del Espíritu Santo.

Que a través de la santa muerte de Jesucristo, ellos reciban la vida eterna, por Sus
Llagas sean sanados, y por Su Sangre Preciosa sean liberados. Que se regocijen junto a los Santos en el Cielo. Amén.

ORACIÓN DE REPARACIÓN
(2 de Julio, 1999)

Padre Eterno, te ofrezco todas las Heridas de Tu amadísimo Hijo Jesucristo, los
dolores y agonías de Su Sacratísimo Corazón, y Su Preciosa Sangre que brotó de
todas Sus Heridas, en reparación por mis
pecados y los pecados del mundo entero.
Amén (3 veces).

PODEROSA INVOCACIÓN PARA
PEDIR PROTECCIÓN
(7 de Julio, 1997)

¡Adoración! ¡Adoración! ¡Adoración!
¡A Ti oh arma poderosa!

¡Adoración! ¡Adoración! ¡Adoración!
¡A Tu Sangre Preciosa!
Misericordioso Jesucristo Agonizante,
derrama Tu Sangre Preciosa sobre las almas.
Satisface nuestra sed, y vence al enemigo.
Amén.

Poderosa Sangre de Salvación,
combate al enemigo. (3 veces)

(Esta invocación también ha sido reco-
mendada por Nuestro Señor, para decirla
al final del exorcismo del Papa León XIII,
el cual Nuestro Señor ha ordenado sea dicho diariamente en nuestros hogares en
esos tiempos del mal).

JACULATORIAS
(28 de Abril, 1997)

¡Preciosa Sangre y Agua del Sagrado
Corazón de Jesucristo!
Te adoramos, ¡Sálvanos y puríficanos!
Amén

(28 de Julio, 1997)
¡Preciosa Sangre y Agua del Sagrado
Costado de Jesucristo!
¡Purifica la Iglesia, lávanos, límpianos!

PROMESAS DE NUESTRO SEÑORA LOS QUE VENEREN EL CRUCIFIJO AGONIZANTE

1. Para prepararlos para la batalla, les entrego Mi Crucifijo Agonizante. Yo prometo proteger contra las fuerzas del mal, a cualquiera que tengan este Crucifijo Agonizante.

2. A través de este Crucifijo, Yo salvaré a muchos del cautiverio.

3. Cuando se levante este Crucifijo en contra del poder del maligno. Yo abriré el Cielo y dejaré fluir Mi Preciosa Sangre para vencer así, el poder del maligno.

4. Yo dejaré fluir Mi Preciosa Sangre de todas Mis Sagradas Llagas, y cubriré a

todos los que veneren Mis Llagas y Sangre a través de este Crucifijo.

5. Yo prometo proteger las casas donde esté el Crucifijo Agonizante, de todo poder destructivo en la hora de la oscuridad.

6. Yo prometo realizar numerosos milagros a través de este Crucifijo.

7. Yo quebrantaré los corazones de piedra y derramaré Mi amor en los que veneren Mi Crucifijo Agonizante.

8. Yo prometo también, atraer a las almas descarriadas hacia Mí, a través de este Crucifijo.

9. Hijos, en los días del maligno, ustedes podrán andar libremente sin peligro, debido a este Crucifijo.

Finalmente, Nuestro Señor enfatizó:
"Hijos, por medio de esta Cruz, Yo venceré. Esta Cruz pronto será una Cruz victoriosa".

ORACIÓN PARA QUE EL NUEVO ISRAEL RECONOZCA EL VALOR DEL PRECIO DE SU REDENCIÓN

(20 de Julio, 2001)

(Eclesiástico 36, 1-17)

Por favor, rezar diariamente.

Ten piedad de nosotros, Señor, Dios del mundo, y mira: derrama Tu temor por todas las naciones. Levanta Tu mano contra las naciones paganas, para que vean Tu poder. Así como a sus ojos Te has mostrado Santo castigándonos, así también ante nosotros, muéstrate poderoso en contra de ellos. Que te reconozcan como nosotros lo hemos hecho, y sepan que no hay otro Dios más que Tú, Señor.

Renueva los prodigios y haz otros milagros, manifiesta el poder de Tu mano y de Tu brazo. Despierta Tu furor y derrama Tu cólera, destruye al adversario y aplasta al enemigo. Apresura el tiempo de Tu visita, recuerda Tu juramento, para que podamos celebrar Tus grandes hechos.

Que los opresores de Tu pueblo vayan a la ruina, y que Tu fuego vengador devore a sus Sobrevivientes. Quebranta la cabeza de los jefes extranjeros que dicen: ¡no hay más que nosotros! Reúne a todas las tribus de Jacob, devuélveles su herencia como al principio. Señor, ten piedad de Tu pueblo que lleva Tu nombre, de Israel, del que hiciste Tu primogénito. Ten compasión de la ciudad santa de Jerusalén, lugar de Tu reposo. Llena a Sión de la fama de Tus milagros, y a Tu pueblo de Tu gloria. Confirma Tus promesas a Tus primeros hijos, cumple las profecías hechas en Tu nombre. Premia a los que en Ti esperan, que Tus profetas sean hallados verídicos. Escucha Señor la oración de Tus servidores, confirmando la bendición de Aarón a Tu pueblo, y que todos en la tierra reconozcan que Tú eres el Señor, el Dios Eterno.

Preciosa Sangre de Jesucristo, purifica la Iglesia, lávanos, límpianos! (3 veces)

Padrenuestro (1)… Avemaría (3)… Gloria (3)

EL GRAN MES DE JULIO

Jesús también ha pedido que hagamos tres novenas muy importantes durante el mes de Julio. Las mismas son como sigue:

1. 1 al 9 de Julio. Novena a la Preciosa Sangre, en honor a los 9 coros de Ángeles.

2. 13 al 15 de Julio. En honor la Santísima Trinidad.

3. 20 al 31 de Julio. Por Israel.

ORACIONES DE LAS NOVENAS

I. Santo Rosario a la Sma. Virgen María.
II. Santo Rosario a la Preciosa Sangre / Letanías.

III. Oración de Consagración a la Preciosa Sangre.

IV. Oraciones de Consolación y Adoración.

V. Oraciones de Reparación a Jesucristo Agonizante (Llamados Angustiosos)

VI. Otras Oraciones Místicas de Nuestro Señor Jesucristo.

APÉNDICE

Un joven nigeriano con una larga historia de devoción a la Virgen María, sostiene que por casi diez años, ha recibido mensajes de Cristo, la Virgen María y los Ángeles, sobre una nueva devoción a la Preciosa Sangre de Jesús, a fin de detener lo que él describe como un "castigo" por venir.

Su nombre es Bernabé Nwoye, del remoto pueblo de Olo en el estado de Enugu en Nigeria. Los mensajes han recibido el Nihil Obstat del Reverendo Stephen Obiukwu, una autoridad arquidiocesana.

Un libro de oraciones, dictado a Bernabé por Jesús ha recibido el Imprimatur del Obispo Ayo María Atoyebi de Ilorin. La Devoción a la Preciosa Sangre -el centro de la revelación- ha sido instituida en la diócesis y se reza cada Jueves. La Devoción se remonta a una monja francesa llamada Marie Chambón quien murió en olor de santidad en 1907, y había profetizado que la victoria final de la Iglesia sobre las fuerzas de la oscuridad sería apoyada por la devoción a las cinco Llagas de Jesús y a Su Preciosa Sangre.

Esta profecía ha sido conectada a las revelaciones de Nwoye, ahora de 26 años, estudiante universitario de ingeniería, y miembro del Ejército Azul de Fátima, cuyos mensajes empezaron en 1995 cuando él escuchó una voz:

*"Estaba preparándome para un examen, cuando escuché una voz que me llamaba: **Bernabé, Bernabé**... volteé para ver quien me llamaba, y no vi a nadie. Miré mi reloj; eran las 3:01 p.m.*

Estaba intrigado por la llamada, cuando empecé a escuchar una canción: Sangre de Jesús. Al terminar la oración, se repitió la canción. Después, escuché la segunda llamada:

Bernabé, consuélame, adora Mi Sangre Preciosa... Yo soy el agonizante Jesucristo".

Según Bernabé Nwoye, Jesús pidió la Devoción en reparación por los pecados de la humanidad. El vidente dice que se le dio un rosario de la Sangre Preciosa y se le dijo que las oraciones e invocaciones que lo acompañan conllevan 12 promesas incluyendo protección contra muerte súbita, una indulgencia por cuatro años, y liberación de almas del purgatorio. El rosario tiene 12 cuentas, en vez de la década usual, representando las 12 tribus de Israel.

"Cuando se rece este rosario, Mi Sangre Preciosa convertirá a todo Israel, que significa el mundo entero" le dijo Jesús. "Cada vez que se rece el Padrenuestro y el Avemaría en el rosario, se honran las Llagas místicas, los dolores y

la Sangre Preciosa de los agonizantes y ado-
loridos corazones del Hijo y de Su Madre. Les
aseguro que muchas heridas serán sanadas.
La misericordia del Padre se multiplicará. El
Espíritu Santo descansará sobre vosotros, y
Mi Sangre Preciosa fluirá".

Bernabé sostiene que se le concedieron visiones sobre la persecución del Papa, un período de oscuridad inusual, y de científicos trabajando sobre un microchip amenazante, el precursor de la "marca de la bestia".

Bernabé, activo hace mucho en devociones Marianas, dice que Jesús se ha quejado específicamente acerca del aborto, codicia, materialismo, injusticia social, cultismo, y mas aún, lujuria, todo esto existiendo en el mundo de hoy. La sangre de los bebés no nacidos **"conmueve el Cielo, más aún que la sangre de Abel"** dice el vidente que Jesús le ha dicho. Jesús también se ha Lamentado por las prácticas modernas en la iglesia, tales como la Comunión en la mano, la distribución de la Eucaristía por laicos, la música estruendosa y el palmoteo.

La comisión designada para estudiar las apariciones aprobó la Devoción y el Rosario, sobre los cuales Jesús le dijo a Nwoye que al través de ellos "realizaría grandes milagros".

Un reporte británico dice que una mujer cuyo bebé murió en su matriz, y que tenía programada una cirugía para extraerle el feto, después de rezar el Rosario a la Sangre Preciosa, los médicos descubrieron que el bebé (una niña) estaba vivo, que no solamente sobrevivió, sino que ya tiene seis años.

Otras oraciones que se le dieron a Nwoye, enfocan sobre la adoración a Jesús, que nos protegerá contra las tormentas, los rayos, y otras cosas durante lo que el vidente dice que será una tribulación.

La Devoción también ofrece protección de los cinco sentidos corporales. Incluye también plegarias que Jesús oró mientras colgaba de la Cruz en su agonía.

En total, 11 plegarias místicas derivadas de las visiones, que dice son efectivas para servir de Bautismo a los bebés abortados, y proteger a los fieles de las fallas en la fe, los pecados de la carne, maldiciones de ancestros, y daños durante el "castigo final".

Algunas de las oraciones son para recitarlas durante un período llamado la Hora de Getsemaní (una hora reservada entre Jueves a las 11 p.m. hasta viernes 3 a.m.) Esta devoción es la que es llevada a cabo en la diócesis de Kwara.

"Estoy siempre en Getsemaní, a causa de la hora que se acerca, la terrible hora, tan espantosa y aterradora, hijos Míos" dice Jesús. "Hijos Míos" ¿cuántos sobrevivirán? Permanezcan Conmigo en Getsemaní, a fin de que no flaqueen cuando llegue la hora".

La "última misericordia", sostiene el vidente, es un "gran sello" de la Sangre Preciosa, que protegerá del "anticristo" - el Sello de la Sangre contra el sello del mal.

Nuestro Señor, explicó que en este tiempo del mal. El deseaba crear un tabernáculo viviente en nuestras almas, para vencer la resequedad espiritual que vendrá. *"Durante el Gran Castigo, muchos serán probados en su fidelidad a Dios, y aquellos que no tengan suficiente Gracia, caerán".*

El "sello" se concede cada tercer viernes, especialmente durante la Cuaresma. Para obtener el sello, se debe participar de los Sacramentos, especialmente de la Confesión y la Eucaristía; llevar a cabo los cinco meses consecutivos de "Horas de Getsemaní, y procurar recibir el sello de protección durante la Consagración del vino durante la Misa.

El Cielo desea unir esta Devoción a la Sangre Preciosa de Jesús a las devociones más antiguas tales como la del Sagrado Corazón, la

Divina Misericordia, y la Medalla Milagrosa en preparación para las potenciales calamidades. Bernabé también sostiene que a través del crucifijo de Jesús Agonizante con la Sangre fluyendo de sus heridas, también seremos protegidos... Dice que este crucifijo tiene un poder especial contra el mal...: La comisión teológica designada por el Obispo Anthony Gbuji de Enugu, revisó los mensajes dictados al vidente desde 1997 al 2000. La Sma. Virgen María ha dicho al vidente que durante la tribulación, es muy importante hacer: **"reparación, reparación, reparación"**, repitiendo el mensaje de Fátima.

A través de esta gran Devoción, Dios ha dado a Su remanente un arma para vencer los poderes del infierno. Todos los dones celestiales tales como la Santa Misa, la Confesión, el Rosario a la Virgen María, y a la Preciosa Sangre, son para ser utilizados en estos turbulentos tiempos.

EL MENSAJE DE BERNABÉ NWOYE

Al entrar en las muy aguardadas horas de la oscuridad predichas por muchos profetas católicos, los verdaderos hijos de Dios se enfrentan a un fuerte reto. La Iglesia Católica está sufriendo la más grande traición de parte de saboteadores subversivos (masones) que se han infiltrado y alteran la auténtica doctrina y enseñanzas de la Iglesia, para crear la apostasía final (cf. Daniel 9:21, Mateo 24:15 y II Tesalonicenses 2:3).

Ahora como nunca antes, se está apresurando todo para lograr el único Gobierno Mundial, y la "necesidad" de identificar a todos en el mundo con una marca universal (microchip-precursor de la Marca de la Bestia).

En el mundo secular, la injusticia social y política reina por doquier, junto con la codicia y la avaricia, la lujuria y un endurecimiento general de los corazones hacia las cosas de Dios.

Con todas estas señales o signos evidentes, la batalla entre el bien y el mal está establecida. El Padre Eterno, sabiendo por lo que tiene que pasar Su remanente, ha tomado ventaja sobre los poderes del infierno, ofreciéndonos la Devoción a la Sangre Preciosa.

De todos los lugares escogidos por el Cielo para plantar una semilla de santidad, donde tenga lugar el inicio de la victoria final de la Iglesia, Nigeria fue la escogida.

Desde Julio de 1995 hasta el presente. Nuestro Señor Jesucristo ha estado apareciendo a un estudiante universitario llamado Bernabé Nwoye de Olo, estado de Enugu, Nigeria. A través de este vidente. Nuestro Señor nos presenta el arma final para todos Sus hijos, para poder soportar y sobrellevar el Gran Castigo.

LOS MENSAJES

REVELACIONES CON APROBACIÓN ECLESIÁSTICA PARCIAL

Los mensajes contienen elementos controversiales, pero han recibido el Nihil Obstat oficial del Reverendo Stephen Obiukwu, una autoridad arquidiocesana. El libro de oraciones, dictado por Jesús a Bernabé, ha recibido el Imprimátur del Obispo Ayo María Atoyebi de la diócesis de Ilorín. El Obispo Anthony Mbuji, de la diócesis de Nwoye designó una comisión que expreso ciertas reservas acerca de los mensajes, pero concluyó que coinciden ampliamente con la Doctrina Católica. La Devoción a la Preciosa Sangre ha sido instituida en la diócesis, y se lleva a cabo todos los Jueves.

La mayoría de los mensajes fueron recibidos durante la exposición del Santísimo Sacramento en la parroquia del vidente, la iglesia de San José. Enugu, Nigeria. Los mensajes recibidos son siempre revisados y aprobados por el director espiritual de Bernabé, el Rev. Bonifacio Onah, antes de ser leídos a los presentes durante las apariciones. Los mensajes desde 1997 a 2000 fueron revisados por una Comisión Teológica ordenada por el Obispo Antonio Gbuji de Enugu. Todos ellos han recibido el Nihil Obstat del Rev. Fr. Esteban Obiukwu, encargado de Propagación de la Fe.

EL SANTO PADRE

"Oren, oren mucho por Mi Santa iglesia. Oren aún más por Mi Papa. Muy pronto, Mi Santo Papa será sacado de Roma. El hombre del mal lo sacará, y luego será asesinado. Oren el Rosario por él. Oren para que se mantenga firme en su fe".
Jesucristo, 14 de Enero, 1997.

PERSECUCIÓN DEL REMANENTE

"Hijo Mío, escucha Yo he advertido a Mi pueblo que la hora para salvarse es corta, y que los días están contados. Uds. han visto lo que sucederá a los hijos que confían en Mí, Mis hijos fieles. Es por esto que He venido, y les he entregado el Rosado de Mi Sangre Preciosa, y les he prometido salvarlos a través de Mi Preciosa Sangre. Yo prometo también salvar a cualquier pecador que invoque Mi Sangre Preciosa. Yo dejaré caer una gota de Mi Sangre Preciosa en sus corazones, a fin de que se conviertan antes del día del desamparo..."

Jesucristo, 16 de Enero, 1997, después de mostrar a Bernabé una terrible visión de las torturas que sufrirá el remanente fiel, de manos del Anticristo.

Oren por los Sacerdotes

"Hijo Mío, te digo que solamente una cuarta parte de Mis sacerdotes sobrevivirá después del Gran Castigo... Hijo Mío, reza siempre el Santo Rosario, tal como Mi Madre te lo ha ordenado. Reza el Santo Rosario de Mi Sangre Preciosa inmediatamente después del Rosado (de la Sma. Virgen). Debes hacer esto, porque la hora de la salvación es corta".

Jesucristo, 19 de Enero de 1997, después de mostrara Bernabé la masacre final de los sacerdotes.

La Devoción de Devociones

"Hijos Míos, este Rosario de la Sangre Preciosa de Mí Hijo combina todas las devociones sobre Su Pasión. En el Cielo, esta oración es una de las más grandes plegarias, que aplaca la Ira del Padre Eterno y trae misericordia al mundo".

Nuestra Madre Santísima, 29 de Enero, 1997.

Meditación Sobre la Agonía

"Hijos Míos... durante vuestra hora de meditación, piensen acerca de Mi Crucifixión, el sudor de Sangre, la Flagelación, la Corona de espinas, Mí Cuerpo traspasado, y las tres horas que colgué en la Cruz. Si me aman, tengan misericordia de Mí".

Jesucristo, 4 de Febrero, 1997

TIBIEZA ESPIRITUAL

"El espíritu del mal ha causado disensión en la Santa Iglesia, en las familias, en las escuelas y en la sociedad. Cardenales luchan contra Cardenales, Obispos contra Obispos. La guerra espiritual se incrementa. Esto ha causado tibieza, espiritual en muchas almas."

San Miguel Arcángel, 14 de Julio, 1997

PIENSEN CUANTO LOS AMO

"Hijos Míos, cuando el mundo sujetó Mi mano derecha y la atravesó con un largo clavo, Yo grité con gran dolor. Con amor, pensé en ustedes, y ofrecí Mi dolor por vuestra sanación y salvación.

Mediten en Mi agonía, que soporté por vosotros. Piensen cuanto los amo."

Jesucristo, 4 de Julio, 1998

La Agonía se Acrecienta

"Hijos Míos... ¿saben que cada minuto que pasa crece rápidamente la iniquidad? Al aumentar los pecados en el mundo, Mi agonía se acrecienta, Es por esto que busco alguien que Me consuele..."

Jesucristo, 24 de Julio, 1998.

Abortos

"El numero de bebés inocentes abortados diariamente es muy grande. La sangre de estos niños conmueve Mi Corazón agonizante, e incremento Mi agonía. Consuélenme hablando y enseñando estos mensajes".

Jesucristo, 29 de Julio, 1998.

ABANDONO EN EL TABERNÁCULO

"Hijo mío... Yo permanezco por ti en el Sacramento del Amor... prisionero por ti, esperando pacientemente. Tú, raramente te acercas a Mí, porque no recuerdas que estoy prisionero por ti. Hijo Mío... Mi agonía aumenta enormemente cuando veo la frialdad, la negligencia y el descuido con que te acercas a la Santísima Trinidad, cuya presencia llena el Santuario".

Jesucristo, 10 de diciembre, 1998, en uno de los Angustiosos Llamados que componen las oraciones de Reparación.

VENGAN A GETSEMANÍ

"Hijos, Yo estoy en Getsemaní Por vosotros y por Mi pueblo en el mundo entero. Estoy en Getsemaní siempre, por la hora que se aproxima, la hora dolorosa, tan terrible y aterradora. Hijos... ¿cuántos sobrevivirán? Por el amor que siento por vosotros y Por todos, los hombres, estoy aquí en Getsemaní, pidiéndoles que vengan y velen Conmigo. Permanezcan en Getsemaní Conmigo para que no se den por vencidos cuando llegue la hora."

Jesucristo, 15 de Marzo, 1999, llamando a todos Sus hijos a permanecer un tiempo con El cada Jueves de 11 p.m. a las 3 a.m. del Viernes, en la "Hora de Getsemaní".

ÚNANSE A LA SANTÍSIMA VIRGEN MARÍA

"Mi sufrimiento es grande... únanse a Mí en la batalla contra el dragón infernal, todos aquellos que están sellados con la Sangre del Cordero, Luchen Conmigo contra las herejías que destruyen la Iglesia. No teman si son muchos. A través de la Sangre del Cordero sin mancha, la fe de la verdadera Iglesia, su verdadera doctrina y su santidad serán pronto restauradas".

Santísima Virgen María,
7 de Mayo, 1999.

ADOREN MI SANGRE

"Hijos, muchos están invocando la Sangre, pero no le están adorando... Todos los que adoran Mi Sangre Preciosa, consuelan a Mi Padre que tanto ama a Su Hijo. Cuando ustedes adoran Mi Sangre, atenúan los dolores de Mi Sagrado Corazón. El Corazón adolorido de Mi Madre también será consolado".

Jesucristo, 22 de Julio, 1999,

PERMANEZCAN FIELES A JESÚS

"Permanezcan fieles a Jesús. Cuando se enfrenten a algo que puede hacerlos caer, manténganse firmes en la fe. Ese tiempo puede ser un tiempo de decepción, y resequedad. Sepan que Jesús ha abierto la puerta, y nadie tiene el poder de cerrarla, excepto El. Cuando llegue ese tiempo, oren más fervorosamente. Sepan también, que el tiempo de alegría y gozo está cerca".

San Miguel Arcángel, 28 de Julio, 1999

Razones de la Agonía de Cristo

"La Santa Misa, Mi camino al Calvario por vuestra redención, está siendo convertida por el enemigo en un mero servicio".

"Mi agonía es grande cuando veo a muchos de Mis Sacerdotes que permiten que manos no consagradas repartan Mi Sagrado Cuerpo y Sangre... Mi agonía es grande cuando veo gente recibiendo la Santa Comunión en la mano..." ★*(ver nota)*

"Mi agonía es grande cuando veo Mi Santo Templo profanado: echan fuera la Gloria de Dios. Hijo, la abominación desastrosa ha invadido la Iglesia, se ha sentado en el Lugar Santo..."

"Mi agonía es grande al ver el plan del maligno, de destruir Mi Iglesia con la ordenación de mujeres como sacerdotes. Mi agonía es grande al ver como el enemigo llena los corazones de Mis Sacerdotes con el deseo infernal de casarse...

"Mi agonía es grande al ver los millones de almas que mueren diariamente, y casi todas van al Infierno a causa de los pecados de la carne. Hijo Mío, sufro aún más por el río de sangre de los bebés no nacidos, que se aumenta cada día. Esta sangre conmueve al Cielo más que la sangre de Abel!"

Jesucristo, 12 de noviembre. 1999, en un extenso llamado a hacer reparación por los pecados por los cuales continúa agonizando en nuestro tiempo.

⋆Nota: *Respecto a la comunión en la mano, el Papa Juan Pablo II declara:*

"Cuan elocuentemente nos habla el rito de la unción de las manos de los sacerdotes en nuestra ordenación Latina, de que una gracia especial y el poder del Espíritu Santo son necesarios precisamente para las manos Sacerdotales! Tocar las sagradas especies, y distribuirlas con sus propias manos es un privilegio de los ordenados". (Dominicae Canae, 24 de febrero, 1980)

"No está permitido que los fieles por sí mismos tomen el pan consagrado y el Sagrado cáliz, y menos aun que lo pasen de uno a otro" (Inaestimabile Donum, Jueves Santo, 3 de Abril 1980).

OBEDEZCAN A LA IGLESIA

"Hijos, deben obedecer a la iglesia, no al maligno. Cualquiera que trate de destruir la Iglesia está contra Ella. La Iglesia es Mi Cuerpo. Les ruego no se peleen con mi clero Más bien, oren por ellos. Yo soy quien los escogió, y los Puso donde están".

Jesucristo, 5 de Enero, 2000.

MI MADRE HA VENIDO MUCHAS VECES

"Mi Madre ha venido a ustedes muchas veces para advertirles acerca de la hora que se aproxima. Ella ha visto los desastres que vendrán sobre ustedes. Ha llorado por ustedes. Ha llorado lágrimas de sangre por ustedes, y todavía no entienden lo que se aproxima. Yo he sudado sangre en gran agonía por ustedes. También he vertido lágrimas y sangre por amor a ustedes. Y todavía no entienden el tiempo que viven".

Jesucristo, 7 de Abril, 2000

El Sufrimiento no es en Vano

"El sufrimiento cuando se está bajo obediencia, gana muchas gracias. Aquellos que entienden esto, se gozarán en sus sufrimientos y su persecución. Porque en el sufrimiento de la Santa Cruz está la verdadera felicidad. Si entendieran y oraran pidiendo sufrimientos y persecución, apresurarían la llegada del Glorioso Reino. A medida que se acreciente el sufrimiento la hora de la paz se acerca más".

San Francisco de Asís en conversación con otros Santos, 15 de Julio, 2000

La Cruz de la Verdad

"Vuestro nombre está escrito en el Libro de la Vida, Yo reduciré millones de años en vuestro Purgatorio por cada verdad que salga de vuestra boca. De la misma manera, millones de años serán agregados a vuestro Purgatorio por cada mentira que salga de vuestra boca. Hijos, les hago este llamado: reciban de Mí la Real Cruz de la Verdad".

Jesucristo, 24 de Julio. 2000

Ustedes Están Llamados a Venir

"Aunque sea la hora de la Gran Confusión, la hora del desamparo, los llamo: vengan a Mí. Aunque sean días dolorosos, Yo los llamo para que vengan a Mí. Hijos, oren para que puedan venir. Tengan todo preparado antes de que vengan esos días. La hora está próxima."

Jesucristo, 7 de Agosto, 2000

HUMILDAD Y POBREZA

"Al perder a Mis seres queridos, José y a Mi amado Jesús, satanás Me tentó para que Me desesperara, Pude superar esto, no por energía humana, ni por violencia o gritando, sino por el Fuego de la Pureza y el Poder de la Humildad. Yo soy la Mujer que aplastó la cabeza de satanás".

Nuestra Madre Bendita, 28 de Junio, 2001

EL CAMINO DE ESPINAS

"Hijos... les digo, no hay nada valioso en esos sitios de placer y gozo. No hay nada valioso en la vida fácil. Todos los tesoros más preciosos: quiero decir, tesoros del Cielo, están escondidos en la vida llena de espinas.

Miren, Yo escogí el camino del Calvario, el camino de dolor, el camino sangriento, lleno de dolor y agonía, por vuestra salvación. No pude encontrar otro camino de salvación que el camino doloroso. Hijos, no rechacen el camino del Calvario. Aunque es doloroso, el final está lleno de felicidad". Jesucristo, 12 de Septiembre, 2001, durante un retiro de reparación de cinco días en el mes de Septiembre.

Visión del Anticristo

Jesús dijo: "¡Bernabé, mira!"

Bernabé relata: "Nuestro Señor señaló hacia el este, y vi una enorme bestia con siete cabezas y diez cuernos saliendo del mar. Mientras observaba, la bestia se convirtió en un hombre, que lucía como un soldado. En este momento, la visión terminó, y volví en mí".

Visión recibida el 15 de Septiembre, 2001, durante el retiro de reparación de Septiembre.

EL REGALO DEL GRAN SELLO

El regalo del Sello ha promovido mucho interés entre los fieles, y por lo tanto es necesaria mucha exactitud en la explicación. Como podemos leer en la Biblia, cuando los israelitas salieron hacia la Tierra Prometida, fueron instruidos por el Señor a través de Moisés para rociar sangre de corderos en las jambas de las puertas. Esta sangre serviría como un "sello" de protección contra el Ángel de la muerte, enviado a castigar a los egipcios (Éxodo 12, 21-28).

Un sello, en el sentido espiritual, es algo extremadamente importante que concede el Espíritu Santo a una persona, para soportar los ataques y pruebas causados por satanás y sus agentes. En los mensajes de la Devoción a la Preciosa Sangre, Jesús reveló a Bernabé que un don precioso sería concedido a todos los devotos. El 11 de Diciembre de 1998, Bernabé presenció una visión de Jesús, descendiendo con un cáliz que tenía encima una lengua de fuego. Rayos divinos partían del cáliz. Jesús dijo:

"Hijos Míos, reciban esto... esto es Mi Sangre, la Sangre de vuestra redención. Abran sus corazones a Mi Gran Sello".

Jesús explicó que El deseaba crear dentro de nuestros corazones, un tabernáculo viviente para residir en él. El ofrecimiento de un corazón a El es de gran importancia, ya que en los tiempos finales, cuando muchos tabernáculos serán profanados y cerrados, serán nuestros corazones los que guardarán la presencia de Jesús en nosotros. Los tiempos que vendrán serán también de severas pruebas y sufrimientos y como se ha profetizado, muchos estarán espiritualmente ciegos, y caerán en las redes del Anticristo. El regalo del Sello es una fuente de fortaleza y gracia para permanecer firmes en nuestra fe. Sobre esto, dijo Jesús el 9 de julio de 1999:

"Recibe tu sello ahora a fin de que no estés reseco cuando entres en el desierto de aridez. En ese tiempo, todos los que estén sellados serán fortalecidos por Mi Preciosa. Sus almas débiles se volverán valerosas".

Explicando como un alma sellada está rodeada por Huestes Celestiales, Jesús dijo en el mismo mensaje:

"Regocíjate, oh Jerusalén, porque en ti fue construido Mi Tabernáculo de amor. El océano de Mi Preciosa Sangre brotará y renovará el mundo. Estás rodeado por multitud de Ángeles del Cielo, que te guardarán día y noche. Nadie tiene el poder de destruirte nuevamente".

Los devotos reciben el Sello por la ardua lucha por permanecer en estado de Gracia Santificante, especialmente en el periodo especificado para el Sello. Jesús indicó que el Sello debería ser distribuido cada Viernes del año, entre las horas del Sello, de 12 media noche a 3 de la mañana, especialmente en los siguientes períodos:

Segundo Viernes de Diciembre, continuando todos los Viernes del mes, hasta el Primer Viernes de Enero.

Primer Viernes de Abril continuando todos los Viernes, hasta el Primer Viernes de Mayo.

Cada Viernes del gran mes de Julio (el mes generalmente dedicado a la Sangre Preciosa).

Antes de recibir el Sello, los devotos deben tratar de llevar a cabo cinco meses consecutivos de Horas de Getsemaní, tiempo en que todas las oraciones dictadas por Jesús, se rezan. Luego en una Misa votiva de la Sangre Preciosa, los devotos son consagrados, y a través de las bendiciones del sacerdote, las almas son selladas.

Cualquier sacerdote puede realizar la consagración especial dictada a Bernabé, y así el Sello será recibido. Esto, en cualquier parte del mundo.

Nuestro Señor indicó que la Misa del Sello fuera oficiada el tercer Viernes del mes, entre las horas del Sello, 12 media noche a 3 de la mañana, si es posible.

Es también importante para los devotos renovar este Sello de tiempo en tiempo. La renovación del Sello puede ser hecha personalmente cada Viernes en las horas del Sello. Lo que importa es que la persona esté en ambiente de oración y devoción, bien sea en su propia casa o en la iglesia.

Si la persona está trabajando, entonces Jesús simplemente pide que trabaje con espíritu de mortificación. Una renovación de un grupo de oración puede llevada a cabo en el tiempo apropiado, y en las horas especificadas.

Para evitar perder el Sello, se deben evitar con todo esfuerzo, las ocasiones de pecar. Es por esto que es tan importante renovar el propio Sello de tiempo en tiempo. También se debe permanecer fiel a la devoción.

EL CRUCIFIJO AGONIZANTE

Nuestro Señor también ha otorgado a la Devoción de la Preciosa Sangre, un Sacramental muy poderoso, del cual dijo que sería un arma "clave" contra toda clase de calamidades.

El 5 de Enero de 2000, Bernabé presenció una visión, en la cual Jesús caminaba solo en el desierto. El vidente relata que al acercársele a Jesús, le entregó a Bernabé un crucifijo, al tiempo que decía:

"Bernabé, toma esto…"

Luego de entregarle el crucifijo, Jesús continuó:

"Este es tu Señor crucificado, el que te ama. Es a El a quien diariamente tú crucificas. Acéptalo de parte Mía, y llévalo siempre contigo. Muéstralo al mundo… haz que todos los hombres lo tengan también… Hijos… esto es lo que me producen vuestros pecados…."

El vidente, observando más cerca el crucifijo, notó que la diferencia era que las llagas y heridas del cuerpo de Nuestro Señor se notaban mucho. La Sangre emanaba constantemente de él. En el crucifijo estaba escrita esta inscripción: *"Yo soy el Agonizante Jesucristo, que te ama".*

Nuestro Señor ha concedido muchas promesas al Crucifijo, que incluyen que en los días del Anticristo, toda casa que posee este sacramental, será protegida de todo daño y que muchas sanaciones y liberaciones serían realizadas a través del Crucifijo.

Este Crucifijo Agonizante es recibido por los devotos el día de su consagración, junto con una insignia que les recuerde que están sellados.

ORACIÓN ANTE EL CRUCIFIJO

¡Oh alto y glorioso Dios!,
ilumina las tinieblas de mi corazón
y dame fe recta, esperanza cierta
y caridad perfecta,
sentido y conocimiento, Señor,
para que cumpla tu santo
y veraz mandamiento.

(S. Francisco de Asís)

Oración que Rezaba el Papa Juan Pablo II Después de Comulgar

Alma de Cristo, *Santifícame*
Cuerpo de Cristo, *Sálvame*
Sangre de Cristo, *Embriágame*
Agua del Costado de Cristo, *Lávame*
Pasión de Cristo, *Confórtame*
Oh buen Jesús, *Óyeme*
Dentro de tus llagas, *Escóndeme*
No permitas que me aparte de ti
Del enemigo malo, *Defiéndeme,*
A la hora de mi muerte, *Llámame*
y mándame ir a ti,
para que con tus santos te alabe,
por los siglos de los siglos.
Amén.